LE BUFFON
DE LA JEUNESSE.

24202

IMPRIMERIE DE D'HAUTEL,
rue de la Harpe, n°. 80.

LE NOUVEAU
BUFFON
DE LA JEUNESSE,

OU

PRÉCIS ÉLÉMENTAIRE

DE

L'HISTOIRE NATURELLE,

A L'USAGE DES JEUNES GENS DES DEUX SEXES.

TROISIÈME ÉDITION,

Ornée de cent trente-quatre figures.

TOME I.

A PARIS,

CHEZ LOURNETS, jeune, Libraire,
rue Dauphine, n°. 14.

1817.

A LA JEUNESSE.

Une curiosité naturelle vous porte, dès l'âge le plus tendre, à questionner vos pères et mères ou toutes autres personnes, sur tout ce qui frappe pour la première fois votre vue; les êtres animés sont principalement les objets qui excitent votre envie de connaître.

J'ai formé le dessein de vous présenter, en raccourci, tout ce qui peut en grande partie vous intéresser. L'homme, les animaux, les oiseaux, tout vous sera décrit dans ce livre, de manière à vous satisfaire, du moins j'ose l'espérer. Elaguer tout ce qui pouvait être au dessus de votre conception, a été d'abord mon premier et principal but ; vous donner une description exacte du sujet, a été le second ; enfin, pour que les objets décrits se gravent plus profondément dans votre mémoire, j'ai cru devoir vous montrer par des gravures artistement exécutées, la représentation au naturel de la plupart des animaux dont il est traité dans cet ouvrage, mis à votre portée.

Heureux si mon travail peut vous inspirer l'amour de l'étude et le desir de vous livrer à la contemplation de la nature, qui est le vrai et le seul livre où l'on ait puisé les lois de la société.

LALOURCEY.

PRÉFACE.

Depuis que l'immortel Buffon, surnommé l'interprète de la Nature, a mis au jour son Histoire naturelle, le goût de la physique s'est étendu parmi nous ; il a su faire goûter aux esprits les plus frivoles, une science d'observation que d'autres avant lui n'avoient fait, pour ainsi dire, qu'ébaucher : ils n'ont pas eu, comme Buffon, le talent de rendre cette science piquante, et de l'embellir. Il n'appartenait qu'au génie de faire que des sujets, arides en eux-mêmes, devinssent intéressans.

Il semble que la Nature ait voulu tenir de lui une nouvelle vie ; car elle l'a pourvu abondamment des plus heureux talens, pour développer ses ouvrages et les faire admirer: une imagination brillante, noble, vive; un esprit lumineux et plein de sagacité ; un pinceau aussi délicat que nerveux, sont les bienfaits qu'il en a reçus, et dont il a fait un si noble usage.

Tous les sujets, tous les genres prennent sous sa plume éloquente les traits qui leur sont propres.

L'étude de l'Histoire Naturelle, jusques à lui, était sèche et aride; la route qui y conduisait, était difficile et épineuse: il en a applani les difficultés, arraché les épines, et y a, pour ainsi dire, substitué des roses.

Mais il faut en convenir, son ouvrage impérissable n'est pas, en grande partie, à la portée de tous les lecteurs, et principalement de la Jeunesse.

Cet inconvénient, déjà senti, a fait mettre au jour plusieurs extraits de cet ouvrage : presque tous, quoique faits pour la Jeunesse, ne m'ont pas paru avoir atteint le but que je me suis proposé : la plupart se trouvent hérissés de mots scientifiques, sont de trop longue haleine, et on y fait la description de beaucoup trop d'animaux dont les jeunes gens ne peuvent avoir et n'auront peut-être jamais connaissance ; en outre, les gravures que l'on a coutume d'y adapter, ne présentent que des traits de burin tristes et souvent mal exécutés, ce qui ne peut que jeter dans l'erreur le jeune homme avide de s'instruire.

Il a donc fallu parer à tous ces inconvéniens; et pour y parvenir, j'ai d'abord retranché tout sujet trop abstrait, tel que le système du monde, la description de la terre, du ciel, et d'animaux dont la jeunesse ne peut avoir aucune connaissance.

Je ne comprendrai donc dans cet essai que les animaux qui peuvent être connus des jeunes gens; je m'étendrai davantage sur ceux qui sont ou pourront être à leur parfaite connaissance, comme les animaux domestiques, et sur ceux dont ils peuvent avoir entendu parler ou qu'ils ont pu voir, soit aux ménageries, soit aux foires.

Enfin, au lieu de ces figures tristes

mal exécutées, on trouvera ici les sujets les plus intéressans, présentés avec leurs proportions naturelles, les dessins ayant été calqués sur les meilleurs modèles, et les gravures exécutées par de bons artistes.

Tome I.^r

L'HOMME.

HISTOIRE
NATURELLE
DE BUFFON.

DE L'HOMME.

L'HOMME est certainement le plus distingué de tous les êtres vivans, c'est donc le premier sujet à traiter, et ce doit être, sans contredit, le plus curieux et le plus intéressant pour la jeunesse ; c'est commencer à lui apprendre ce qu'elle a été, ce qu'elle est et ce qu'elle deviendra ; c'est enfin apprendre aux jeunes gens à se connaître eux-mêmes.

Jeunes gens, vous allez donc voir ce à quoi tient votre existence, les peines et les douleurs qui accompagnent votre enfance, les soins multipliés que votre âge le plus tendre exige de ceux qui vous ont donné le jour.

De quelle reconnaissance ne serez-vous pas pénétrés pour eux, quand vous serez convaincus que le bienfait de la vie n'est rien en comparaison des soins que sollicitent votre enfance et votre éducation.

L'homme a, de commun avec les autres animaux, l'organisation de ses membres, le jeu de ses muscles, l'usage de ses sens, l'identité de ses besoins corporels, de ses appétits, de ses fonctions vitales et quelques affections morales, telles que la joie, la colère, la douleur et l'amour de la liberté.

Mais que cette espèce de conformité, quoique réelle avec les animaux, est de peu de conséquence! En effet, cette faculté qu'a l'Homme d'exprimer ses désirs, ses pensées par la parole, n'estelle pas le caractère principal qui le distingue des autres animaux ? n'est-il pas le chef-d'œuvre de la nature ? un monde en raccourci, le centre où l'univers se réfléchit : tout nous démontre l'excellence de sa nature et la distance immense qui existe entre lui et la bête. Le plus stupide et le plus matériel suffit pour conduire le plus rusé et le plus spirituel de tous les animaux ; il le commande, il le fait servir à ses usages, à ses besoins, et celui-ci lui obéit et le sert. Les opérations des brutes ne paraissent être que des résultats purement mécaniques, purement matériels et toujours les mêmes : l'Homme, au contraire, met de la variété et de la diversité dans ses opérations et dans ses ouvrages, parce que l'instinct surnaturel, ou plutôt la raison dont il est doué, est une qualité essentielle qui lui est propre.

Souvent, à la vérité, il se dégrade tellement qu'il s'abaisse même au-dessous de la bête. Beaucoup abusent de leur autorité, de leurs richesses, de leur esprit; l'arbitraire, les vices, des crimes de toutes espèces font perdre chez eux la trace de l'humanité.

Jetons un voile sur cette dégradation, pour nous occuper de ce qui regarde réellement la nature humaine; montrons l'Homme dans les variétés de son espèce, montrons-le dans ses différens âges, examinons son organisation merveilleuse, et sous tous ces points de vue, nous trouverons son histoire curieuse et intéressante.

De la variété de l'espèce humaine.

Les espèces, chez les hommes, ne sont pas moins variées que chez les animaux, il y en a de petits, il y a en de grands; il y a des géans, il y a aussi des nains, et des hommes de toutes grandeurs entre ces deux extrêmes; il y en a de blancs, de noirs, de mulâtres, de nègres blancs ou Albinos.

Mais quelque nombreuses que soient dans l'espèce humaine ces variétés, elles ne sont qu'accidentelles: ce sont, si l'on peut s'exprimer ainsi, plusieurs races qui ont une origine commune; les individus qui les composent sont organisés de même. Mais d'où peuvent venir ces variétés que l'on remarque dans les différens peuples de la terre? Les naturalistes en admettent deux causes principales: 1°. l'influence du climat; 2°. la nourriture.

On peut regarder le climat comme la cause première et presque unique de la couleur et de la variété des hommes ; et nous en serons convaincus en jetant un coup-d'œil rapide sur les différens peuples des quatre parties du monde.

En effet, les Grecs de la Turquie d'Europe, au septentrion, sont fort blancs ; au midi, ils sont bruns. Les Napolitains, les Siciliens, les Corses, les Sardes, les Espagnols, sont plus bâsanés que les Français, les Anglais, les Allemands, les Polonais, les Danois, les Suédois : voilà pour l'Europe.

En Asie, les Tartares septentrionaux ont la peau bâsanée, le visage large et plat, le nez camus, la bouche fort grande, le bas du visage étroit, les lèvres grosses et relevées, la tête forte et les cheveux noirs et lissés ; ils n'ont qu'un mètre 13 centimètres de haut.

Tome 1.ᵉʳ

LA FEMME.

Les Chinois ont les membres assez bien proportionnés, ils sont gros et gras; leur visage a quelque chose du Tartare, mais est plus agréable.

Les Japonais sont plus bruns que les Chinois; ils ont le corps gros et court, les cheveux hérissés, les mains et même le visage fort velus.

Les Siamois ont le visage presque losange.

En Afrique, où le soleil domine le plus, les hommes éprouvent une si forte influence de cet astre, qu'ils sont aussi noirs qu'il est possible de l'être. Cette couleur diminue à mesure que l'on s'éloigne de l'ardeur du soleil, et que l'air est plus tempéré.

En Amérique, les hommes sont d'une couleur cuivrée, olivâtre et orange; et si on y voit des peuples sans barbe, c'est moins parce que la nature la leur refuse, que parce qu'ils prennent soin de se l'arracher brin à brin, dès qu'elle commence à paraître.

Tel est l'homme dans toutes les parties du monde. Il n'est donc pas, comme les animaux, propre seulement à quelques climats; la terre entière est son domaine; il l'habite également brûlée par les feux du soleil, et couverte de neiges et de glaces; il trouve en lui des ressources pour tous les lieux; et ce que la nature lui refuse d'une manière, il le lui arrache d'une autre.

Chaque climat a ses productions particulières, et semble déterminer l'industrie de l'homme sur sa nourriture: la plus grossière et la plus malsaine peut très-bien faire dégénérer l'espèce humaine; chez nous, même, les gens de la campagne sont moins beaux que ceux des villes; et l'on peut remarquer que dans les villages où la pauvreté est moins grande que dans d'autres villages voisins, les hommes sont mieux faits et les visages moins laids.

Les traits du visage, chez différens peuples, dépendent de l'usage où ils sont de s'écraser le nez, de se tirer les paupières, de s'allonger les oreilles, de se grossir les lèvres, de s'aplatir la tête.

Des Géans et des Nains.

La taille ordinaire des hommes est de 4 pieds 6 pouces à 6 pieds; tout ce qui est au-dessus et au-dessous de cette hauteur, est ou Géant ou Nain.

Les Géans donc sont des hommes d'une taille extraordinaire pour la grandeur. La question de leur existence a été souvent agitée; toute l'antiquité fait mention de plusieurs hommes d'une taille démesurée qui ont paru en divers temps : tous les écrivains, tant sacrés que profanes, et les voyageurs s'accordent à en dire des choses étonnantes. Des modernes, pour donner du poids à cette opinion, rapportent des découvertes de squelettes et d'ossemens si monstrueux, qu'il a fallu que les hommes auxquels ils ont appartenu, aient été de vrais colosses.

Cependant, quand ont vient à examiner de près tous ces témoignages, à prendre dans leur signification la plus naturelle les paroles du texte sacré, à réduire les exagérations orientales ou poétiques à un sens raisonnable; à peser le mérite des auteurs; à ramener les voyageurs d'un certain ordre aux choses qu'ils ont vues eux-mêmes ou apprises de témoins non suspects; à considérer les prétendus ossemens des squelettes humains; à apprécier l'autorité des navigateurs, et à suivre la sage analogie de la nature; le problème en question ne paraît plus si difficile à résoudre.

On fait voir dans l'Encyclopédie, article *Géans*, que ces sortes de narrations sont pleines de contradictions et d'anachronismes : en un mot qu'elles se trouvent détruites par les seules circonstances dont les auteurs les ont accompagnées.

Plusieurs nous disent que, lorsque l'on s'est approché des cadavres de ces Géans, ils sont tombés en poussière ; et ils le devaient, pour prévenir la curiosité de ceux qui auraient voulu s'en éclaircir.

Ailleurs, on voit que la simplicité d'un auteur a pris pour vrai un conte forgé dans un siècle d'ignorance : ici, c'est un défaut de traduction ou d'interprétation, qui rend un mot par un autre, dont le sens n'est pas le même.

Pour ce qui regarde les découvertes de dents, de vertèbres, de côtes, etc., qu'on donne, attendu leur grandeur et leur grosseur, pour des os de Géans; que tant de villes conservent encore et montrent comme tels, les naturalistes ont prouvé que c'étaient de véritables ossemens d'éléphant, de vraies parties de squelettes d'animaux terrestres ou de veaux marins, de baleines, enterrés par hasard ou par accident dans les différens trous de la terre où on les trouve.

Ces os, par exemple, qu'on montrait à Paris en 1613, et qui furent ensuite promenés en Flandre et en Angleterre, comme s'ils eussent été de *Teutolochus*, dont parle l'histoire romaine, se trouvèrent des os d'éléphant.

Cette fourberie n'est pas nouvelle. *Suétone* remarque, dans la vie d'Auguste, que dès ce temps-là on avait imaginé de faire passer des ossemens de grands animaux, pour des os de Géans ou des reliques de héros; tout concourait à tromper le peuple à ces deux égards.

Il est donc contre toute vraisemblance qu'il ait existé ou qu'il existe dans le monde une race d'hommes qu'on puisse dire composée de Géans : ceux qui, comme les *Patagons*, habitans du *Chily*, ont une taille gigantesque, n'excèdent point 6 pieds 4 pouces environ de hauteur.

Ainsi donc, les Géans doivent être regardés comme des variétés très-rares, individuelles et accidentelles; il faut des siècles pour les produire.

On a vu à Rouen, en 1735, un Géant de 7 pieds 2 lignes.

La même année, à Paris, on en a vu un qui était né en Finlande, et qui avait 6 pieds 5 pouces 8 lignes.

C'est une remarque assez générale que ces hommes, de taille démesurée, sont cagneux, faibles, voûtés, de mauvaise santé, mous, et traînant avec fatigue leur longue et lourde charpente.

Si de temps à autre il paraît des hommes d'une taille extraordinaire pour la grandeur, il en paraît de même de remarquables par leur petitesse.

Parmi les jeux de la Nature, on la voit quelquefois travailler en miniature avec une justesse admirable de proportion.

Le petit *Bébé*, nain du roi de Pologne, dont on peut voir le squelette au Muséum, en est un exemple. Cet enfant, né d'un père et d'une mère bien constitués, habitans des Vosges, ne pesait qu'un peu plus d'une livre en venant au monde; sa bouche était si petite qu'elle ne pouvait recevoir le mamelon de sa mère; une chèvre fut sa nourrice; à l'âge de 2 ans il commença à marcher; on lui fit des souliers de 8 lignes de longueur ; à 6 ans il était haut de 5 pouces 7 lignes. Malgré la bonne éducation que le roi lui fit donner, on ne vit point de talent se développer; toute son intelligence ne passait pas les bornes de l'instinct : jamais on n'a pu lui apprendre à lire. Les passions cependant régnèrent dans son ame ; il était susceptible de jalousie, de colère et d'emportement. A l'âge de 14 ans il avait 10 pouces 9 lignes de hauteur, c'était son âge brillant : il était joli et bien fait. A 15 ans, moment où la nature développe ses forces, il devint valétudinaire ; ses forces s'affaiblirent, sa tête se pencha, son épine du dos se courba ; il était dans l'état d'un sexagénaire ; il perdit sa gaîté et périt à 22 ans, la nature chez lui étant épuisée. On a vu encore plusieurs Nains mourir également jeunes, et paraissant être dans la décrépitude de la vieillesse.

Nous venons de faire connaître l'Homme en général et dans ses variétés. Jetons maintenant un coup-d'œil sur les différens états dans lesquels il se trouve, et par lesquels il passe lorsqu'il arrive à la plus longue vieillesse. En le voyant dans ses différens âges, vous le plaindrez enfant, vous le chérirez jeune homme, vous l'admirerez homme fait, et le respecterez vieillard.

De l'Enfant.

Si quelque chose est capable de nous donner une idée de notre faiblesse, c'est l'état où nous nous trouvons immédiatement après notre naissance. Incapables de faire aucun usage de nos organes et de nos sens, nous avons besoin de secours de toute espèce; nous sommes une image de misère et de douleur.

L'enfant qui naît, est plus faible qu'aucun des animaux; sa vie incertaine et chancelante paraît devoir finir à chaque instant; il ne peut se soutenir ni se mouvoir, à peine a-t-il la force nécessaire pour exister, pour annoncer par des gémissemens les souffrances qu'il éprouve, comme si la

Nature voulait l'avertir qu'il est né pour souffrir, et qu'il ne peut prendre place dans l'espèce humaine que pour en partager les infirmités et les peines.

En naissant, l'Enfant passe d'un élément dans un autre ; au sortir de l'eau qui l'environnait de toutes parts dans le sein de sa mère, il se trouve exposé à l'air, et il éprouve dans l'instant l'effet de ce fluide actif : l'air agit sur les nerfs de l'odorat et sur les organes de la respiration. Cette action produit une secousse, une espèce d'éternûment qui soulève la capacité de la poitrine et donne à l'air la liberté d'entrer dans les poumons ; il les dilate et les gonfle ; il s'y échauffe et s'y raréfie jusqu'à un certain degré, suivant la force de l'Enfant : après quoi le ressort des fibres dilatées réagit sur ce fluide léger et le fait sortir des poumons. C'est là le premier mouvement imprimé à la machine, c'est le balancier qui la fait agir; enfin c'est la respiration qui, une fois commencée, ne finit qu'à la mort. Ce mouvement entretient la vie; s'il cesse, l'homme périt.

La plupart des animaux ont encore les yeux fermés pendant quelques jours après leur naissance; l'Enfant les ouvre aussitôt qu'il est né, mais ils sont fixes, ternes et communément bleus; ils ne distinguent rien, ne s'arrêtent sur aucun objet; on n'y voit point ce brillant qu'ils auront dans la suite, ni le mouvement qui accompagne la vision; ils ne paraissent frappés un peu que par une grande lumière. Quoique la prunelle semble agir, cet organe est encore trop faible pour recevoir les images des objets et donner la sensation de la vue distincte.

Il en est de même des autres sens; ils n'ont pas la consistance nécessaire à leurs opérations.

L'enfant ne paraît encore capable que de sentir la douleur, ses cris et ses gémissemens en sont la preuve ; le plaisir n'est rien pour lui.

Il ne commence à rire qu'au bout de quarante jours; c'est aussi le temps qu'il commence à pleurer, car auparavant les cris et les gémissemens ne sont point accompagnés de larmes ; il ne paraît aucun signe de passion sur le visage du nouveau-né ; les parties de la face n'ont pas même tout le ressort nécessaire à cette espèce d'expression du sentiment. Toutes les autres parties de son corps, encore faibles et délicates, n'ont que des mouvemens incertains et mal assurés; il ne peut se tenir debout; ses jambes et ses cuisses sont encore pliées; il n'a pas la force d'étendre les bras ou de saisir quelque chose avec la main; tous ses mouvemens tendent à se mettre dans la position où il se trouvait dans le sein de sa mère: si on l'abandonnait, il resterait pour ainsi dire comme une boule.

La grandeur de l'Enfant, né à terme, est ordinairement de 13 pouces; il en naît cependant de beaucoup plus petits. La tête du nouveau-né est plus grosse à proportion que le reste du corps, et cette disproportion ne disparaît qu'après la première enfance.

La peau de l'Enfant qui naît paraît rougeâtre, parcequ'elle est assez transparente pour laisser apercevoir une nuance faible de la couleur du sang.

Au reste, on prétend, et ceci est d'expérience, que les Enfans dont la peau est la plus rouge en naissant, sont ceux qui, dans la suite, auront la peau la plus belle et la plus blanche.

La forme du corps et des membres de l'Enfant qui vient de naître n'est pas bien exprimée; toutes les parties sont gonflées : au bout de trois jours il lui survient ordinairement une espèce de jaunisse, ce gonflement diminue à mesure que l'Enfant prend de l'accroissement.

On voit palpiter dans quelques Enfans nouveaux-nés, le sommet de la tête, et dans tous on y peut sentir les battemens des artères du cerveau, si on y pose la main.

Il se forme au-dessus de cette ouverture une espèce de galle ou de croûte qu'on frotte avec des brosses pour la faire tomber à mesure qu'elle se sèche.

On ne fait point téter l'Enfant aussitôt qu'il est né ; on lui donne auparavant le temps de rendre la liqueur et les glaires qui se sont amassés dans son estomac, et le méconium (1) qui est dans les intestins; ces matières pourraient aigrir le lait et produire un mauvais effet. On commence donc par lui faire avaler un peu de vin et d'eau sucrée, ce n'est que dix ou douze heures après la naissance qu'il doit téter pour la première fois.

Comme il a besoin de s'agiter et principalement de respirer librement, il ne faut point le charger de ligatures, qui empêcheraient la circulation des humeurs et énerveraient ses membres, avant qu'ils eussent pris leur force: il faut avoir la précaution de le coucher sur le côté droit, afin que les eaux qu'il doit rendre par la bouche puissent tomber d'elles-mêmes: il est

---

(1) Le méconium ou mœconium est un excrément sans odeur que rend l'Enfant, immédiatement après sa naissance.

nécessaire de le placer en face de la lumière, afin que dans une situation différente, cette lumière attirant de côté son regard, ne donne point à sa vue une direction louche et désagréable, parce qu'alors, un œil, celui qui se porte du côté de la clarté, acquerrait plus de force que l'autre.

Les nouveaux-nés ont besoin de prendre souvent de la nourriture, qui est le lait de la mère ou d'une nourrice; cette nourriture doit se donner pendant le jour, de deux heures en deux heures, et pendant la nuit toutes les fois qu'ils se réveillent.

Quoiqu'ils dorment beaucoup, leur sommeil est souvent interrompu, et cette interruption ne paraît venir que du besoin ou de quelques souffrances.

Lorsque le tempérament d'un Enfant est faible et délicat, on agit prudemment de ne lui faire prendre que du lait pendant les trois et même les quatre premiers mois, sans autre nourriture. Le lait des animaux peut suppléer au défaut de celui de la nourrice. Il est des pays, par exemple dans tout le Levant, où on ne donne aux Enfans que le lait de la nourrice pendant un an entier, et les Enfans n'en ont point l'esprit plus lourd, comme on le pense parmi nous.

Dans ce pays-ci, comme les femmes n'ont pas assez de lait, on y supplée par un aliment composé de farine et de lait qu'on appelle *bouillie*, qui n'est que très-malsain, la farine ne pouvant se cuire assez, et faisant une pâte ou colle très-indigeste : au lieu qu'en émiant du pain dans du lait, ce qui fait également une bouillie facile à prendre à l'Enfant, on pare à cet inconvénient et on lui fournit un aliment qui lui est bien plus salutaire, parce qu'avec cette dernière on prépare son estomac au pain qui doit devenir sa principale nourriture.

A sept mois, quelquefois à huit ou à dix, d'autres fois seulement à la fin de la première année, le germe des dents (1), qu'on appelle *incisives* ou *de lait* (2), se développe; elles sont sur le devant de la mâchoire et au nombre de huit. Alors des pleurs, des cris, des convulsions même

---

(1) Les dents ont trois usages : le premier et en même temps le plus considérable est pour la *mastication*; le second, pour la prononciation de certaines lettres: cet usage regarde particulièrement les dents incisives, et les dents canines: aussi remarque-t-on que ceux à qui ces dents manquent, ont de la peine à prononcer certains mots; le troisième et dernier usage, est pour l'ornement et la beauté du visage.

(2) On appelle *incisives* ou *de lait* les premières dents qui percent, pendant que l'enfant tète encore; et quand il ne tète plus, ces mêmes dents commencent à trancher et à couper les alimens.

en sont la suite nécessaire ; les Enfans portent leurs doigts à leur bouche pour tâcher d'apaiser la démangeaison et l'espèce d'engourdissement douloureux qu'ils y ressentent.

Jusqu'à présent, pour tempérer ces douleurs, on a donné aux Enfans un hochet, qui est un morceau de crystal, ou d'ivoire, ou de corail, ou de quelque autre corps dur et poli; ils le serrent contre leurs gencives, à l'endroit où ils souffrent, ce qui calme pour un instant la douleur de la dent et l'aide beaucoup à percer.

Après les dents incisives viennent quatre dents appelées *canines* (1), dont celles de la mâchoire supérieure sont nommées œillères (2).

---

(1) On appelle *canines*, les dents qui, conjontement avec les incisives, tranchent, coupent et continuent à broyer la nourriture.

(2) On appelle *œillères* deux des dents canines qui répondent aux yeux.

A la fin de la première année, ou dans le courant de la seconde, commencent à percer les dents que l'on appelle molaires (1); elles se divisent en petites et en grosses; elles sont au nombre de seize. Il en paraît d'abord huit, de manière que les Enfans, à l'âge de deux ans, ont ordinairement vingt dents.

Les dents incisives, les canines et les quatre premières molaires tombent alors naturellement de la cinquième à la septième année, et sont à mesure remplacées par d'autres; c'est ce qu'on appelle les dents de sept ans.

L'Enfant demeure en cet état jusque vers sa septième année; alors quatre autres dents molaires, qui sont les petites, sortent derrière les premières, et ce sont les dernières de l'enfance.

---

(1) On appelle *molaires* les dents qui amolissent et finissent de triturer les alimens.

La vie de l'Enfant jusqu'à l'âge de trois ans est fort chancelante; mais aussi dans les deux ou trois autres suivantes elle s'assure : mais que de soins pour faire éviter à l'homme les écueils de l'enfance!

A la fin de sa première année, l'Enfant a ordinairement de 12 à 13 pouces de hauteur; à la seconde année, il grandit de 1 pouce et demi à 2 pouces; à la troisième de 9 à 12 lignes; ensuite jusqu'à l'âge de l'adolescence, il ne grandit plus que de 6 à 8 lignes.

A douze ou quinze mois les Enfans commencent à bégayer, et les premiers mots sont ceux de *papa*, *maman*, qu'ils articulent le plus aisément : ces syllabes sont pour ainsi dire naturelles à l'homme, puisqu'elles existent dans toutes les langues.

Il y a des Enfans qui, à deux ans,

prononcent distinctement, et répètent facilement tout ce qu'on leur dit; mais la plupart ne parlent qu'à deux ans et demi et très-souvent plus tard. On remarque que ceux qui parlent de bonne heure sont en état d'apprendre à lire avant trois ans.

C'est à cet âge que les Enfans sont admirables; leurs manières, leurs jeux, leur physionomie, leur voix douce, leur naïveté, tout enchante.

―――

Du Jeune Homme.

La Jeunesse commence vers la quatorzième année; à cet âge le Jeune Homme perce les quatre grosses dents molaires, et six ans après, sans qu'il s'en aperçoive, il perce les quatre dernières, que l'on nomme *dents de sagesse*, ce qui fait en tout le nombre de trente-deux dents.

Il arrive cependant quelquefois que ces dernières dents ne se montrent que fort tard ou ne sortent point du tout; de là vient que beaucoup de personnes n'en ont jamais que vingt-huit.

Jusqu'alors la nature ne paraît avoir travaillé que pour la conservation et l'accroissement de son ouvrage. Quelques personnes ne grandissent plus après quatorze ou quinze ans; d'autres croissent encore jusqu'à vingt-trois.

Presque tous les jeunes gens dans ce temps sont minces et fluets de corps; ils ont la taille effilée, les cuisses et les jambes menues; toutes les parties musculeuses ne sont point encore remplies comme elles le deviendront; mais peu à peu les vuides se remplissent de chair; les muscles se dessinent; les intervalles se comblent; les membres se moulent et s'arrondissent, et le corps est, avant l'âge de trente ans, dans les hommes, à son point de perfection.

Les femmes parviennent beaucoup plutôt à ce point de perfection, et elles sont en cela de dix ans plus précoces que les hommes, de manière qu'à l'âge de vingt ans la femme est aussi parfaitement formée que l'homme l'est à trente.

De l'Homme fait.

Arrivé à ce degré, l'Homme, comme nous venons de le voir, a pris toute sa croissance, toutes ses formes, toute sa force; sa barbe a crû; sa voix forte et sonore annonce sa virilité, sa perfection; tout annonce dans lui le maître de la terre, tout marque qu'il est le roi de tous les êtres vivans; il se tient droit et élevé; son attitude est celle du commandement; sa tête regarde le ciel, et présente une face auguste sur laquelle est imprimé le caractère de sa dignité; l'excellence de sa nature perce à travers ses organes matériels; son port majestueux, sa démarche ferme et hardie annoncent sa noblesse et son rang; il ne touche à la terre que par ses extrémités les plus éloignées; il ne la voit que de loin; et en y jetant les yeux il semble la dédaigner.

Les bras ne lui sont pas donnés pour lui servir, comme aux autres animaux, de piliers, d'appuis à la masse du corps; sa main ne doit point fouler la terre et perdre par des frottemens réitérés la finesse du toucher dont elle est le principal organe: le bras et la main sont faits pour servir à des usages plus nobles, pour exécuter les ordres de la volonté, pour saisir les choses éloignées, pour écarter les obstacles, pour prévenir les rencontres et le choc de ce qui pourrait nuire; pour embrasser et retenir ce qui peut plaire, pour le mettre à portée des autres sens.

La vivacité des yeux fait un des principaux caractères de la physionomie, et leur couleur ne contribue pas peu à rendre ce caractère plus marqué; la plus commune est l'orangé et le bleu; les yeux que l'on croit être noirs, ne sont que d'un jaune brun ou orangé foncé; les plus beaux sont ceux qui paraissent noirs ou bleus : les yeux noirs ont plus de force, plus d'expression et de vivacité; mais il y a plus de douceur et plus de finesse dans les yeux bleus.

Les yeux sont plus près l'un de l'autre dans l'homme que dans tous les autres animaux, de manière que l'Homme seul peut fixer le même objet de ses deux yeux à la fois; au lieu que les animaux ne peuvent le fixer qu'à une grande distance.

Les sourcils bien garnis, bien arqués et les cils des paupières ne contribuent pas peu à rendre les yeux expressifs, et à marquer la physionomie.

Le front est une des grandes parties de la face et l'une de celles qui donnent le plus de grace et de majesté; il doit être d'une juste proportion et régulièrement garni de cheveux au-dessus et aux côtés.

Le nez est la partie la plus avancée et le trait le plus apparent du visage; sa position et sa forme plus avancée que dans celles de toutes les autres parties de la face, sont particulières à l'espèce humaine; sa grosseur ou sa petitesse doit être proportionnée à la face, et si on s'en rapporte au proverbe, il vaut mieux l'avoir trop gros que trop petit, parce que *jamais gros nez n'a gâté visage.*

La bouche et les lèvres sont, après les yeux, les parties du visage qui ont le plus de mouvement et d'expression. La couleur vermeille des lèvres, la blancheur de l'émail des dents, tranchent avec tant d'avantage sur les autres couleurs du visage, qu'elles paraissent en faire le point principal. L'organe de la voix anime encore cette partie et la rend plus vivante que toutes les autres. Les bras, les mains, et tout le corps entrent aussi dans l'expression des passions.

Quoique le corps de l'Homme soit à l'extérieur plus délicat que celui d'aucun des animaux, il est cependant très-nerveux et peut-être plus fort par rapport à son volume que celui des animaux les plus forts. La meilleure manière de comparer la force, c'est le poids que peut porter un homme. On assure que les crocheteurs de Constantinople portent des fardeaux de neuf cents livres pesant. Un Homme exercé à la course, devance les chevaux, et peut marcher beaucoup plus long-temps; mais l'Homme civilisé ne connaît pas ses forces ; il ne sait combien il en perd par la mollesse, et combien il pourrait en acquérir par l'habitude d'un fort exercice.

On ne peut donc donner de meilleur conseil à la jeunesse, que celui-ci : exercez-vous de bonne heure, exercez-vous fréquemment, vous acquerrez de l'agilité, de la force, et par-dessus tout la santé.

Le corps d'un Homme bien fait doit être carré, les muscles doivent être fortement exprimés, les traits du visage bien marqués.

Dans les femmes, tout est plus arrondi, les formes sont plus adoucies, les traits plus fins : l'homme, en un mot, a la force et la majesté ; la femme, les graces et la beauté.

Du Vieillard.

La vieillesse et la décrépitude sont les termes de la vie humaine. Très-peu arrivent à la décrépitude, peu à la vieillesse, parce que l'homme n'est pas assez modéré dans ses passions, et qu'il néglige souvent la tempérance et la sobriété, qui seules contribuent à la durée de la vie.

Dès l'âge de trente-cinq ou quarante ans, le corps a acquis toute son étendue en hauteur et en largeur, par le développement entier de toutes ses parties : il augmente en épaisseur. Le commencement de cette augmentation est le premier point de son dépérissement :

car cette extension n'est pas une continuation de développement ou d'accroissement intérieur de chaque partie, mais une simple addition de matière, qui enfle le volume du corps et le charge d'un poids inutile. Les os deviennent plus solides, la peau se dessèche, les rides se forment peu-à-peu, les cheveux blanchissent, les dents tombent, le visage se déforme, le corps se courbe ; tous ces changemens arrivent par degrés plus ou moins rapides, jusqu'au terme de la vie, qui est la mort même.

L'homme est donc né, il a vécu et est mort dans un même instant ; et dans cet instant si fugitif, quelle complication de souffrances ! Son entrée dans la vie s'annonce par des cris et par des pleurs : dans l'enfance et dans l'adolescence, des maîtres le tyrannisent, des devoirs l'accablent ; vient ensuite une succession effrayante de travaux pénibles, de soins dévorans, de chagrins amers, de combats de toute espèce; et tout cela se termine par une vieillesse qui le fait mépriser, et un tombeau qui le fait oublier : c'est-là le but où tout ce qui existe aboutit.

Tout donc dans la nature se change, tout s'altère, tout périt; mais aussi tout renaît : c'est un flux et reflux perpétuels, c'est un flot qui s'élève au milieu de la mer, qui, chassé par un autre qui naît, chasse à son tour celui qui le précède, pour aller expirer tour-à-tour sur le rivage.

La durée totale de la vie peut se mesurer, en quelque façon, par celle du temps de l'accroissement. Un arbre ou un animal qui prend en peu de temps son accroissement, périt beaucoup plutôt qu'un autre auquel il faut plus de temps pour croître. L'homme qui est 3o ans à croître en hauteur et en grosseur, vit 90 ou 100 ans; le chien qui ne croît que pendant 2 ou 3 ans, ne vit aussi que 10 ou 12 ans.

Les causes de notre destruction sont donc nécessaires, et la mort inévitable : il ne nous est pas plus facile d'en reculer le terme fatal, que de changer les lois de la nature.

Probabilités de la vie humaine.

D'APRÈS un grand nombre d'observations dans ce pays, on s'est assuré qu'il faut 7 à 8 ans, pour que la moitié des enfans nés en même temps soit éteinte : on pourrait donc parier qu'un enfant qui vient de naître, vivra 7 ou 8 ans.

Lorsque l'enfant a atteint l'âge de 5, 6 ou 7 ans, on peut parier qu'il vivra 42 ans de plus; au lieu qu'à mesure que l'on vit au-delà de ces âges, le nombre des années que l'on peut espérer de vivre, va toujours en diminuant; de sorte qu'à douze ans, on ne peut plus parier que pour 39 ans; à 20 ans pour 30, à 30 pour 28, et ainsi de suite jusqu'à 85 ans, qu'on peut encore parier raisonnablement vivre 3 ans.

Des hommes sauvages.

L'ÉTAT de l'homme sauvage n'a pour ainsi dire aucune différence avec celui des brutes; il ne paraît avoir, comme eux, qu'un instinct borné, et semble, par conséquent, avoir dégénéré de l'espèce humaine. Il en existe des troupes assez nombreuses dans le nord de l'Europe, en Laponie et en Tartarie. Par exemple, tous ces peuples ont le visage large et plat, le nez camus et écrasé, les joues extrêmement élevées, la bouche très-grande, les lèvres grosses, le bas du visage étroit, les yeux brun-foncé, la tête grosse, les cheveux noirs et lissés, la peau basanée; la plupart n'ont que 3 pieds 9 pouces de hauteur.

Chez tous ces peuples, les femmes sont aussi laides que les hommes, et leur ressemblent si fort, qu'on ne les distingue pas d'abord.

Tous ces habitans du Nord sont également grossiers et stupides; ils vivent sous terre, ou dans des cabanes presque entièrement enterrées et couvertes d'écorces d'arbres ou d'os de poissons; ils sont obligés de vivre, l'été, dans une épaisse fumée, pour se garantir de la piqûre des moucherons. Avec cette manière de vivre si dure et si triste, ils ne sont presque jamais malades, et ils parviennent à une extrême vieillesse. Leur nourriture principale est le poisson qu'ils font sécher, et quelques animaux qu'ils tuent à la chasse.

D'autres, comme dans la Nouvelle-Hollande, demeurent en troupes de 20 ou 30, hommes et femmes pêle-mêle. Ils n'ont point d'habitation ni d'autre lit que la terre; ils n'ont pour habit qu'un morceau d'écorce d'arbre, attaché au milieu du corps en forme de ceinture; ils n'ont ni pain, ni grains, ni légumes; leur unique nourriture est de petits poissons qu'ils prennent en faisant des réservoirs de pierre dans des petits bras de mer.

Il ne manque pas d'exemple d'hommes ou de femmes sauvages trouvés dans l'Europe. En 1740, en Hollande, après une furieuse tempête qui avait rompu les digues de la West-Frise, on trouva dans les prairies une femme marine, dans la boue. On l'emmena à Harlem, on l'habilla et on lui apprit à filer; elle usa de nos alimens et vécut quelques années sans pouvoir apprendre à parler, et ayant toujours conservé un instinct qui la conduisait vers l'eau : son cri imitait les accens d'une personne mourante.

Femme sauvage, trouvée en France.

Au mois de septembre 1731, les domestiques du château de Sogny, situé à 4 lieues et demie de Châlons, département de la Marne, ayant aperçu pendant la nuit, dans le jardin, sur un pommier, un animal extraordinaire qui mangeait les fruits, accoururent en faisant du bruit; ils voulurent environner l'arbre; mais tout-à-coup l'animal, qu'ils avaient effrayé par leurs cris, sauta par-dessus leur tête, puis escalada légèrement les murs du jardin, enfin se sauva dans un bois voisin, et grimpa facilement sur un arbre fort élevé.

Cependant les domestiques le suivirent et entourèrent l'arbre : des paysans accoururent, se joignirent aux domestiques ; mais l'animal ne descendait pas et sautait d'arbre en arbre. On reconnut qu'il avait figure humaine, ce qui fit qu'on s'efforça de le prendre en vie ; mais il fallait qu'il descendît de lui-même. La dame du château s'imaginant que la faim et la soif en viendraient à bout, fit apporter un seau d'eau, et ayant par hasard trouvé une anguille, la lui faisait voir. La fille sauvage, car c'en était une, se trouva fort tentée, principalement de l'anguille. Elle descendait à moitié et remontait ensuite : enfin, soit qu'elle s'aperçût que l'on n'avait fait aucun mouvement pour s'approcher d'elle, soit plutôt qu'elle fut pressée par la soif et la faim, elle descendit jusqu'à terre, alla boire au seau, et dévora l'anguille. On remarqua qu'elle buvait en mettant dans l'eau le menton jusqu'à la bouche, et avalant l'eau à la manière des chevaux. On la saisit, et l'on vit que les ongles de ses pieds et de ses mains, très-longs et très-durs, lui donnaient cette habileté à monter sur les arbres. Elle paraissait noire, mais le changement de demeure lui rendit bientôt sa blancheur naturelle.

Elle fut conduite au château, où elle se jeta d'abord sur des volailles crues que le cuisinier préparait. Ne connaissant aucune langue, elle n'articulait aucun son, et formait seulement un cri de la gorge, qui était effrayant.

On conçoit aisément que le seigneur de Sogny ne pouvait garder une semblable prisonnière, qui ne cherchait qu'à s'échapper pour se jetter dans les bois ou dans la rivière.

On la fit transporter dans un couvent à Châlons : ayant montré de la facilité à concevoir et à retenir, on la fit instruire; elle apprit assez facilement la langue. Quand elle fut en état de tenir une conversation, et par conséquent de répondre aux diverses questions qu'on pouvait lui faire sur son premier état, elle ne put satisfaire sur cet article, ayant oublié presque tout; on n'a jamais pu savoir son âge; elle fut baptisée sous celui de 11 ans: cependant le bruit courait alors à Paris qu'elle en avait 14 ou 15, et ceux qui l'ont vue disent qu'elle paraissait en avoir 17 à 18. Elle eut pour parrain l'administrateur de la communauté et pour marraine la supérieure du couvent.

Ce baptême fut précipité, mais jugé si nécessaire, qu'elle même ne se souvînt pas de l'avoir reçu, ayant perdu connaissance dans une maladie qui faisait désespérer d'elle.

La maladie violente dont elle fut attaquée, fut, sans contredit, causée par son changement de vie. Enfermée dans une chambre, réduite à coucher dans un lit et à se nourrir comme nous, elle qui était accoutumée à vivre dans les forêts, de fruits, de chair crue et de sang, la mélancolie la saisit, et les fréquentes saignées qu'on crut nécessaires pour dompter un caractère si farouche, achevèrent de lui faire perdre sa santé, sa fraîcheur et sa force, qui était si grande, qu'elle renversa six hommes qui voulaient entrer dans sa chambre, en jetant la porte sur eux.

Elle n'a donc jamais pu se rappeler d'où elle était venue : on lui a montré différentes plantes étrangères, elle n'a rien reconnu ; elle fit entendre seulement qu'elle avait traversé une grande quantité d'eau et de bois ; ce qui fait croire qu'elle est venue d'Amérique.

Il se peut qu'elle ait été apportée avec sa compagne (car elle en avait une, dont nous parlerons incessamment), dans un vaisseau qui aura fait naufrage en abordant, ou qu'une femme étant accouchée de deux enfans dans le vaisseau, et étant arrivée à terre, les ait abandonnés dans quelque bois, où ils auront été nourris par des animaux, jusqu'à ce qu'ils aient pu aller eux-mêmes chercher leur nourriture ; et comme ils ont paru en Champagne, ils ont pu y venir de bois en bois depuis les Ardennes.

Quoi qu'il en soit, voici ce que diverses personnes très-croyables ont pu tirer d'elle depuis qu'elle a su parler.

La Sauvage, qui s'est appelée depuis son baptême, *mademoiselle Leblanc*, après avoir répété qu'elle ignorait d'où elle venait, n'ayant jamais vu que des forêts, où elle avait vécu avec sa compagne du même âge à peu près qu'elle, dit, qu'en hiver elle se couvrait de peaux de bêtes, et qu'en été elle n'avait pour tout habillement qu'une ceinture de peau, à laquelle était attachée une arme qu'elle appellait son *Boutoir*, qui était un bâton court et rond par le bout, faisant la massue : avec cette seule arme elle se défendait contre les attaques des bêtes féroces, et elle lui servait en même-temps à assommer celles dont elle faisait sa nourriture. Avait-elle avec cet instrument tué un lièvre ? elle le dépouillait et le dévorait ; l'avait-elle pris à la course, elle lui ouvrait une veine avec l'ongle, buvait tout son sang et jetait le reste. C'est sans doute cette nourriture qui lui donnait cette force et cette agilité que bientôt notre genre de vie lui fit perdre.

La manière dont elle courait après les lièvres est surprenante ; elle a donné des exemples de sa facilité de courir ; il ne paraissait presque point de mouvement dans ses pieds, et aucun dans son corps, ce n'était point courir, mais glisser ou voler à rase terre.

Cette même agilité qu'elle avait sur la terre, elle l'avait dans l'eau ; là elle allait chercher les poissons qui étaient pour elle un mets très-friant ; elle restait long-temps plongée ; l'eau paraissait être son élément aussi bien que la terre.

Nous avons dit qu'elle avait une compagne : ce fut trois jours après qu'elle l'eut perdue, que celle-ci fut trouvée ; voici comme elle raconta l'évènement de sa séparation.

Toutes deux nageaient dans une rivière (on présume que c'était la Marne); elles entendirent un bruit qui les obligea de plonger; c'était un chasseur qui, de loin, ayant cru voir deux poules d'eau, avait tiré sur elles, elles poussèrent leur voyage beaucoup plus loin, toujours nageant. Apercevant un bois, elles sortirent de la rivière pour s'y réfugier. En

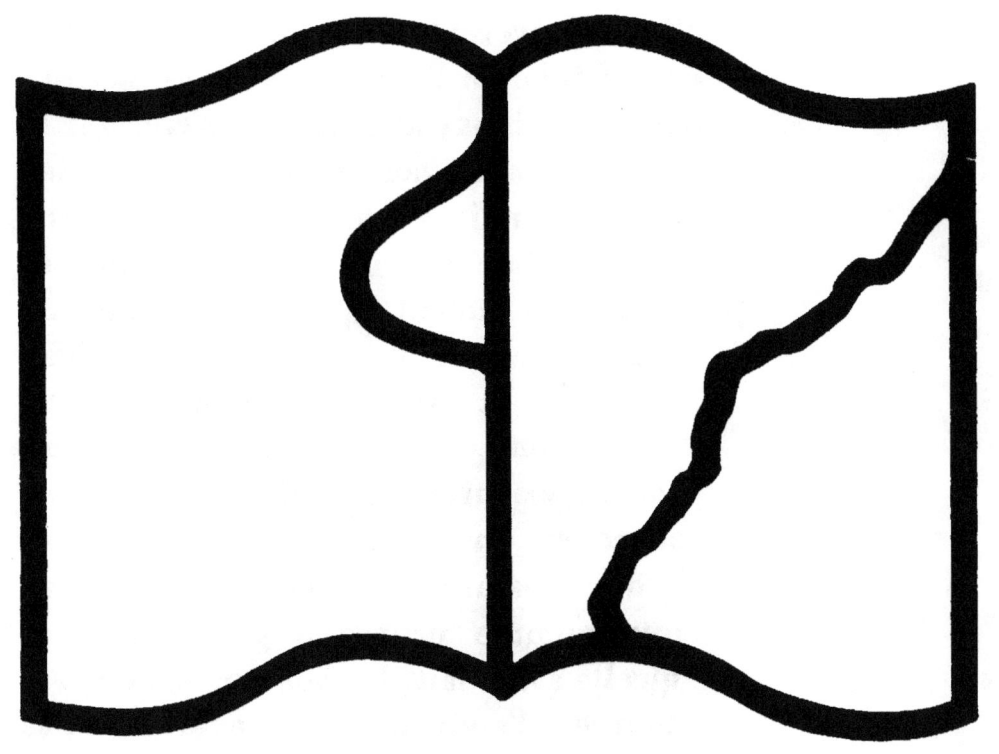

Texte détérioré — reliure défectueuse

NF Z 43-120-11

faisant la traversée de la rivière au bois, elles trouvèrent un chapelet ; toutes deux voulaient l'avoir pour se le mettre autour du bras ; une dispute s'engagea : notre Sauvage ayant reçu un coup sur le bras, répondit à sa compagne par un coup sur la tête : malheureusement ce coup fut si violent, que, suivant son expression, elle la fit *rouge*, ce qui signifie qu'elle la fit saigner. Aussitôt, par ce mouvement de la nature qui nous porte à secourir nos semblables, elle va chercher un chêne, monte jusqu'au haut, espérant, a-t-elle dit, y trouver une gomme propre à guérir le mal qu'elle avait fait ; l'ayant trouvé, elle retourne à l'endroit où elle avait laissé sa compagne ; elle n'y était plus, et elle ne l'a jamais revue, ni on n'en a entendu parler : il n'y a pas de doute que cette séparation lui fut très-sensible.

De la maison religieuse où elle était

à Châlons, elle fut conduite dans celle des Nouvelles-Catholiques, rue Sainte-Anne, à Paris; ce fut pendant qu'elle était dans ce couvent, que feu le duc d'Orléans, père du dernier, l'alla voir, et l'interrogea; elle lui témoigna le desir qu'elle avait de se faire religieuse, ce qui fut cause qu'on la fit passer dans un couvent à Chaillot; son peu de santé l'empêcha d'exécuter sa résolution.

Dans toutes les maisons où elle a été, on a toujours fait l'éloge de sa conduite; on se plaignait seulement d'une certaine mélancolie, qui faisait que souvent elle voulait être seule.

Du Sauvage de l'Aveyron.

Je pourrais parler de ce Sauvage, arrivé récemment à Paris, à l'Institut des Sourds-Muets; mais comme il n'a rien été publié d'authentique sur lui, je me contenterai de dire, que ce qui paraît certain, c'est que cet enfant sourd et muet de naissance avait été abandonné dans les bois par ses parens, qui sans doute veillaient secrètement à ce qu'il ne lui arrivât rien.

DES ANIMAUX,
EN GÉNÉRAL.

Nous venons d'exposer d'une manière précise les quatre âges de l'homme, nous l'avons considéré dans l'état civil et l'état sauvage; par-tout il est le dominateur des animaux, dont il en a réduit quelques-uns à l'esclavage, soit pour l'aider dans ses travaux, soit pour partager ses plaisirs, soit enfin pour lui servir de nourriture et de vêtement. Parcourons maintenant son domaine, et portons avec enthousiasme notre vue sur la foule d'objets que nous présente ce vaste globe. Les Animaux, après l'homme, tiennent, sans contredit, le premier rang, tant par la conformité qu'ils ont avec l'homme, que par la supériorité que nous leur connaissons sur les êtres inanimés. Le nombre des espèces d'animaux est beaucoup plus grand que celui des plantes : la terre, en effet, est le seul lieu où les plantes puissent subsister ; les Animaux, au contraire, sont plus généralement répandus ; les uns habitent la surface, les autres l'intérieur de la terre ; ceux-ci vivent au fond des mers, ceux-là dans l'air ; il y en a dans l'intérieur des plantes, dans le corps de l'homme, dans ceux des autres animaux, dans les liqueurs, on en trouve jusques dans les pierres.

Les Animaux se divisent en Quadrupèdes, en Volatiles ou Oiseaux, en Poissons et en Insectes.

DES QUADRUPÈDES.

On entend par le mot de Quadrupède tous les animaux qui se servent habituellement de quatre de leurs membres pour marcher ; en ce sens, la plus grande partie des Quadrupèdes sont *vivipares* (1), nous disons la plus grande partie, parce qu'il en est qui sont *ovipares* (1), tels que les amphibies et quelques reptiles, comme les grenouilles, les tortues, les lézards, les crocodiles. Nous traiterons cepen-

---

(1) On entend par *vivipares* les animaux dont les petits sortent tout formés du ventre de leur mère.

(2) On entend par *ovipares* les animaux qui proviennent d'un œuf, soit qu'il se trouve couvé par l'animal qui l'a pondu, soit qu'il éclose par la chaleur du soleil.

dant ces derniers séparément, pour ne nous occuper dans cet article que des *vivipares*, c'est-à dire des Quadrupèdes couverts de poils et qui ont des rapports avec l'homme, en ce qu'ils ont du sang, qu'ils respirent par les poumons, qu'ils allaitent leurs petits, qu'ils marchent sur quatre pieds qui leur servent de point d'appui, analogues aux pieds et aux mains de l'homme.

Les Quadrupèdes, entre tous les animaux, paraissent principalement avoir été formés pour l'usage de l'homme; les tigres, les ours, les castors et les renards ont des fourrures dont nous profitons; certains chiens servent à courir le cerf, le chevreuil, le lièvre dont nous faisons des repas; le furet fait sortir le lapin de sa retraite; le cheval, l'éléphant, le chameau paroissent nés pour porter des fardeaux; le taureau

1. le Cheval. 2. l'Âne.

pour subir le joug; la vache pour fournir du lait; le mouton et la brebis pour donner la laine.

L'ANE.

L'ANE est un animal domestique qui serait par lui-même et pour nous le plus beau, le mieux fait, le plus distingué et le plus utile des animaux, s'il n'y avait point de cheval : c'est la comparaison qui le dégrade; on le regarde, on le juge, non pas en lui-même, mais relativement au cheval; on est injuste à son égard; il est de son naturel aussi humble, aussi patient, aussi tranquille que le cheval est fier, ardent, impétueux; il souffre avec constance et peut-être avec courage les châtimens et les coups; il est sobre et sur la quantité et sur la qualité de la nourriture; il se contente des herbes les plus dures, les plus désagréables, que le cheval dédaigne; il ne se vautre pas comme le cheval dans la fange et dans l'eau; il craint même de se mouiller les pieds et se détourne pour éviter la boue; il s'attache aussi bien que le cheval à son maître, quoiqu'il en soit ordinairement maltraité; il le sent de loin et le distingue de tous les autres hommes; il reconnaît aussi les lieux qu'il a coutume d'habiter, les chemins qu'il a fréquentés; il a les yeux bons, l'odorat admirable, l'oreille excellente : lorsqu'on le surcharge, il le marque en inclinant la tête et baissant les oreilles, il n'est délicat que pour son breuvage, il lui faut l'eau la plus claire.

La couleur la plus commune dans les Ânes est le gris souris; on en voit de gris mélangé, de blancs, de rayés, de noirs, ils sont tous marqués d'une raie noire qui s'étend sur le dos et le long des épaules, en forme de croix; ils ont de longues oreilles, et la queue garnie de peu de poils à l'extrémité.

L'Ane n'est donc méprisable qu'en apparence, puisqu'il est sobre et tempérant, puisqu'il est dur et patient au travail : c'est la ressource des gens de la campagne qui ne peuvent acheter un cheval et le nourrir. L'Ane les soulage dans leurs travaux; il est employé à tout, pour semer, pour recueillir, pour porter les denrées au marché.

Il est originaire d'Arabie, où il y en a de sauvages que l'on appelle *Onagres*; ils vivent en troupes : lorsqu'ils apercoivent quelqu'un, ils jètent un cri et font une ruade, s'arrêtent ainsi que les chevaux sauvages, et ne fuient que lorsqu'on les approche.

Le lait d'Anesse est un remède très-usité parmi nous, parce qu'il est moins gras, et par conséquent plus léger que les autres laits; il est pectoral et rafraîchissant.

L'Ane est trois ou quatre ans à croître, et vit vingt-cinq ou trente ans.

La peau de l'Ane étant très-dure, il n'est sujet à aucune vermine : on l'employe utilement à différens usages; on en fait des tambours, des cribles, même des souliers. C'est aussi du cuir de l'Ane que les orientaux font le *sagri*, que nous appelons *chagrin*. Lorsqu'on a donné à la peau les premières préparations, et qu'elle est bien ramolie, on la saupoudre avec de la graine de moutarde, dont l'astriction la fait gréneler; on la colore ensuite en rouge, noir et autres couleurs. On en fait un très-grand commerce à Constantinople, Tunis, Alger et Tripoli; le rouge est le plus estimé.

LE MULET.

Le Mulet provient ou d'un âne et d'une jument, ou d'un cheval et d'une ânesse : on estime davantage ceux qui sont nés d'un âne et d'une jument ; ils sont plus gros et plus forts, ils braient comme l'âne et conservent le nom de Mulet ; les autres au contraire sont moins forts et plus petits, et hennissent comme le cheval ; on les appelle *Bardeaux*.

Les Mulets sont pour l'ordinaire ombrageux, indociles, rusés, pleins de mémoire : on en voit qui ne veulent obéir qu'à leur maître. On en élève beaucoup dans les départemens de l'Allier, de la Dordogne, du Puy-de-Dôme, du Cantal, de la Côte-d'Or, des Deux-Sèvres, de la Vienne et de la Charente ;

autrefois l'Auvergne, l'Anjou et le Mirebalais.

Le Mulet est plus propre à supporter la fatigue et à porter de pesans fardeaux. La Mule est d'une allure plus douce et plus commode pour la monture.

Ces animaux marchent d'un pied assuré au milieu des cailloux, sur le bord des précipices. Il y en a de très-beaux en Espagne ; on en fait des atelages de carrosse. Quoique plus communs dans les pays chauds, ils supportent cependant très-bien le froid; leur nourriture est la même que celle des chevaux.

LE CHEVAL.

Cet animal est connu de tout le monde par la beauté de sa taille, la docilité de son caractère et l'utilité infinie dont il est à l'homme. En sortant des mains de la nature, il est jaloux de sa liberté, fier de son indépendance, pétulant, mais sociable.

Les Chevaux sauvages vivent en troupes; il règne entre eux de l'union et de l'amitié; leurs mœurs sont simples, leur tempérament frugal. A l'aspect d'un homme ils s'arrêtent, le regardent d'un œil curieux, mais sans effroi. L'un d'eux s'avance, le fixe d'un regard orgueilleux, souffle des nazeaux, hennit, prend la fuite, et la troupe le suit d'un pas léger.

L'homme, toujours industrieux, a soumis à son empire cet animal sauvage. On le prend dans des lacs de corde tendus dans les endroits que ces animaux fréquentent; si le cheval se prend par le col, il court risque de s'étrangler lui-même, si ceux qui ont tendu les lacs n'arrivent pas assez tôt pour le secourir. On attache l'animal fougueux à un arbre, et on le laisse deux jours sans boire ni manger, c'est ainsi qu'on le rend docile, et même avec le temps il devient si peu farouche, que s'il se trouve dans le cas de recouvrer sa liberté, il ne devient plus sauvage, et se laisse reprendre par son maître. En perdant sa liberté, il est loin d'avoir perdu sa noblesse et sa force; l'éducation qu'on lui donne ajoute en lui les graces et le sentiment; on le dresse pour le carrosse et pour la voiture, pour troter ou pour courir à volonté; il est souple et attentif aux mouvemens qu'exige de lui la main qui le guide; le mors et l'éperon fléchissent la résistance de cet animal. Les Perses avaient même des chevaux dressés à s'acroupir au premier commandement pour recevoir leur cavalier.

Enfin, c'est la plus noble conquête que l'homme ait jamais faite. Dans les combats, il est courageux et plein de feu; il partage avec lui les fatigues de la guerre; il court à la victoire; et quelquefois plus intrépide que son maître, le cheval voit le péril et l'affronte; il se fait au bruit des armes et de l'artillerie; il l'aime, il le cherche, il s'anime de la même ardeur. On le mène à la chasse, on l'emploie aux tournois; à la course, il brille et il étincelle; mais, docile autant que courageux, il ne se laisse point emporter à son feu, il sait réprimer ses mouvemens; non-seulement il fléchit sous la main de celui qui le guide, mais il semble consulter ses desirs; et obéissant toujours aux impressions qu'il en reçoit, il se précipite, se modère ou s'arrête, et n'agit que pour y satisfaire. Il renonce pour ainsi dire à son être, pour n'exister que par la volonté d'un autre, ne se refuse à rien, sert de toutes ses forces, s'excède, et même meurt pour mieux obéir. Sensible aux soins de son maître, il connaît sa voix. Dans les camps, les soldats, couchés au milieu de leurs chevaux, n'en sont jamais blessés.

Les qualités sociales du Cheval tiennent à la bonté de son caractère: on est quelquefois touché de l'affection qu'ils se portent entre eux, par l'habitude de vivre ensemble. On se rappelle avec plaisir et sensibilité ce trait des Chevaux de cavalerie qui broyaient sous leurs dents la paille et l'avoine, et la jetaient ensuite devant un vieux Cheval qui ne subsistait que par leurs soins généreux.

Le pas, le trot, le galop, sont les allures naturelles et régulières du Cheval. A l'égard de l'amble, que beaucoup de cavaliers aiment, c'est une allure qui est surnaturelle, et que l'on doit regarder comme défectueuse ; à la vérité elle est très-douce pour le cavalier, mais aussi elle est très-fatigante pour le cheval. Les deux jambes du même côté partent en même temps pour faire un pas, et ensuite les deux jambes de l'autre côté, pour faire un second pas. Pour les y accoutumer, on leur attache une corde au pied de devant et à celui de derrière du même côté. Dans cette allure du Cheval, deux jambes d'un côté manquent alternativement d'appui : ces Chevaux sont plus sujets à tomber. On a remarqué même qu'ils étaient plus faibles que les autres, et beaucoup plutôt ruinés.

Le Cheval hennit, montre les dents pour exprimer sa faim, sa joie, ses desirs ; les oreilles basses annoncent la fatigue ; l'une en avant, l'autre en arrière désignent la colère ; droites, elles se dirigent du côté du bruit et du mouvement.

Ses dents, jusqu'à huit ans, marquent son âge ; celles auxquelles on le reconnaît, s'appellent les *coins* : ce sont les troisièmes prises du milieu de la mâchoire, tant en haut qu'en bas. Ces dents sont creuses, et ont une marque noire dans leur concavité ; à quatre ans et demi ou à cinq ans, elles ne débordent presque pas au-dessus de la gencive, et le creux est fort sensible : à six ans et demi, il commence à se remplir ; la marque commence aussi à diminuer et à se rétrécir, et toujours de plus en plus, jusqu'à sept ans et demi, huit ans, que le creux est tout-à-fait rempli, et la marque noire effacée. Après huit ans, comme ces dents ne donnent plus connaissance de l'âge, on cherche à en juger par les autres dents. A dix ans, celles d'en haut paraissent usées, émoussées et déchaussées. Plus elles le sont, plus le cheval est âgé; passé ce temps, on dit qu'ils ne *marquent plus*, et on n'a plus de signes certains pour connaître l'âge.

Parmi les différentes races de Chevaux, la plus estimée est celle des Arabes; les beaux chevaux de selle et de chasse nous viennent de Barbarie, d'Angleterre et du Limousin; ceux de cavalerie, d'Espagne, de Hongrie, du Danemarck; ceux de trait et d'attelage, de Naples, du Danemarck, d'Espagne, de Hollande, et de plusieurs des départemens de la France.

A quatre ans, un cheval est bon pour la monture; trop d'humidité ou trop de chaleur lui est contraire. L'art de traiter les maladies auxquelles les chevaux sont sujets, s'appelle l'*art vétérinaire*.

Cet animal vit vingt-cinq à trente ans, à raison de la durée de son accroissement. Après sa mort, l'homme met à profit sa dépouille : les tamis, les archets d'instrumens, les fauteuils, les coussins prouvent l'utilité de son crin. Les selliers, les bourreliers font grand usage de son cuir tanné; on fait des cuirasses, des peignes, de la colle forte avec la corne de ses pieds. Elle entre aussi dans la composition du *bleu de Prusse*.

LE ZÈBRE.

Cet animal sauvage se trouve dans l'Afrique; il est très-léger à la course; il est de la taille et a les oreilles de l'âne, aussi l'a-t-on appelé *Ane rayé*. Il a la figure et les graces du cheval, mais plus petit, c'est ce qui lui a fait donner le nom de *Cheval sauvage*. Quoiqu'il ait de légères ressemblances avec l'un et avec l'autre, il n'en est pas moins une espèce d'animal différent. Aucun âne, ni aucun cheval, quoique varié dans sa couleur, n'a approché de la rayure de la peau du Zèbre; il semble que la nature y ait employé le compas et la règle : ces bandes alternatives de noir et de blanc sont d'autant plus étonnantes, qu'elles sont étroites, parallèles et très-exactement séparées, qu'elles s'étendent uniformément sur le corps, sur la tête, sur les cuisses, les jambes, les oreilles et la queue. La rayure du mâle diffère de celle de la femelle ; dans l'un ces bandes sont alternativement jaunes et noires, dans la femelle elles sont noires et blanches, mais toujours d'une nuance brillante sur un poil poli.

Au cap de Bonne-Espérance, où ils sont en grande quantité, les Hollandais ont employé tous leurs soins pour les dompter et les rendre domestiques ; ils n'ont jamais pleinement réussi.

Il en existait un à la ménagerie de Versailles, en 1761, que l'on n'a pu également apprivoiser, il était têtu et rétif ; il fallait pour le monter prendre des précautions ; sa bouche était très-dure, mais il était sensible des oreilles, il ruait dès qu'on y touchait.

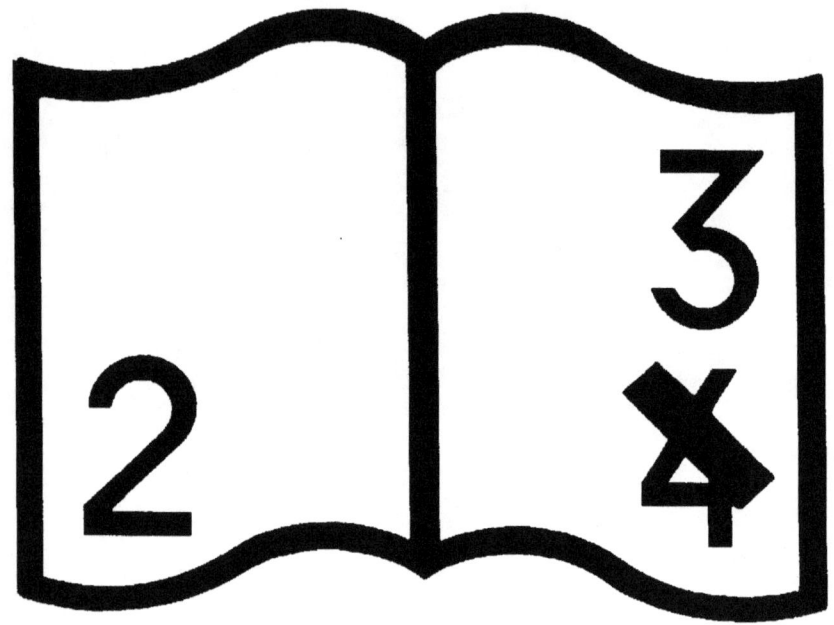

Pagination incorrecte — date incorrecte

NF Z 43-120-12

1. le Chameau. 2. le Dromadaire.

Après qu'il fut mort on l'a dépouillé de sa belle robe dont on a revêtu un modèle en plâtre, c'est celui qu'on voit dans le cabinet du Muséum d'histoire naturelle de Paris.

LE CHAMEAU
ET LE DROMADAIRE.

Le Chameau et le Dromadaire sont deux animaux qui paraissent être de la même espèce; la seule différence que l'on remarque entr'eux, c'est que le Chameau a deux bosses sur le dos et que le Dromadaire n'en a qu'une. Ils sont originaires l'un et l'autre d'Arabie et répandus dans l'Asie et l'Afrique. Dans ces pays, ils rendent autant de services que peuvent en rendre chez nous nos ânes, nos chevaux et nos bœufs; ils sont d'autant plus utiles aux habitans des climats brûlans, auxquels la nature les a affectés, qu'aucun autre animal ne pourrait les remplacer dans ces pays; ils y supportent les plus rudes fatigues au milieu des sables arides de l'Arabie et de l'Afrique, et peuvent rester quelquefois quatre ou cinq jours sans boire, en faisant cependant chaque jour 25 à 30 lieues, et en portant des poids énormes, puisqu'ils portent plus de mille livres pesant : aussi leur a-t-on donné le nom de *navires de terre*. C'est dans des paniers suspendus à leur bosse, qu'on les charge ou que l'on s'assied les jambes croisées, à la manière des Orientaux. Ils commencent à servir à quatre ans.

Le Chameau est un animal très-docile; on le dresse dès son enfance à se baisser et s'accroupir lorsqu'on veut le charger ou le monter : pour le former à cet exercice, dès qu'il est né on lui plie les quatre jambes sous le ventre, et on le couvre d'un tapis, sur les bords duquel on met des pierres, afin qu'il ne puisse pas se relever, et on le laisse dans cet état l'espace de quinze ou vingt jours.

Comme cet animal est très-haut, on l'accoutume à se mettre en cette posture, dès qu'on lui touche les genoux avec une baguette. On le fait marcher facilement, tant qu'il est sur le sable; mais lorsqu'il se trouve de la terre grasse et glissante, il ne saurait se soutenir, à cause d'une pelote qu'il a sous les pieds. Quand on rencontre de ces mauvais pas dans les chemins, on est obligé d'étendre des tapis pour faire passer les Chameaux, ou d'attendre que le chemin soit sec.

Les Chameaux mangent très-peu;

ils broutent des joncs, des orties, le feuillage des arbres, du foin, de la paille, de l'orge et de l'avoine ; s'ils sont dégoûtés, les chardons, les ronces, le genet leur réveillent l'appétit ; ils boivent rarement, mais lorsqu'ils ont soif, ils boivent beaucoup à la fois. Pour les accoutumer à cette privation, et qu'ils contractent de bonne heure l'habitude de boire rarement, lorsqu'ils sont jeunes, on est quelque temps sans leur permettre de téter. Au reste, cette faculté qu'ils ont à s'abstenir long-temps de boire, n'est pas de pure habitude, c'est plutôt un effet de leur conformation ; ils ont une espèce de poche qui leur sert de réservoir pour conserver l'eau ; elle est d'une capacité assez vaste pour en contenir une grande quantité ; elle y séjourne sans se corrompre et sans que les autres alimens puissent s'y mêler ; et lorsque l'animal est pressé par la soif, il fait remonter dans sa panse une portion de cette eau, par une simple contraction de muscles, et se désaltère.

Le lait de Chameau femelle fait la nourriture ordinaire des Arabes; ils en mangent aussi la chair, sur-tout celle des jeunes, qui est très-bonne à leur goût. Le poil de ces animaux, qui est fin et moëleux, et qui se renouvelle tous les ans au printemps par une mue complète, leur sert à faire des étoffes dont ils se vêtissent et se meublent. Chez nous, c'est avec ce poil que l'on fait le camelot; on en fait aussi des chapeaux à Caudebec. Le commerce s'en fait du Levant par la voie de Marseille.

En Turquie, en Perse, en Arabie, en Égypte, en Barbarie, le transport des marchandises ne se fait que par le moyen des Chameaux; c'est de toutes les voitures la plus prompte et la moins chère. Les marchands et autres passagers se réunissent en *caravannes* pour éviter d'être volés par les Arabes. Ces caravannes sont souvent très-nombreuses et toujours composées de plus de chameaux que d'hommes. Chacun de ces Chameaux est chargé selon sa force; il la sent si bien lui-même, que quand on lui donne une charge trop forte, il la refuse et reste couché; quelquefois il donne des coups de tête à celui qui le surcharge, ou bien jète des cris lamentables. Etant chargé et en route, il arrive quelquefois, lorsqu'on est pressé, que l'on se dispense de leur ôter le poids qui les accable et sous lequel ils s'affaissent pour dormir, les jambes pliées et le corps appuyé sur l'estomac; c'est de-là que leur viennent ces callosités qu'ils ont aux jambes et sous l'estomac.

Dans les pays où il n'y a ni paille, ni

foin, on leur fait une litière avec leur fiente desséchée et mise en poudre; on en fait aussi des mottes qui donnent une flamme claire et vive comme celle du bois sec; cette ressource est d'autant plus utile dans ces déserts, que l'on n'y trouve aucune matière combustible: on dit aussi qu'avec leur urine on fait le *sel ammoniac*.

On a vu à Paris, sur la fin de janvier 1752, un Chameau mâle et un Dromadaire femelle; on les a montrés à la foire Saint-Germain pendant cette année et la suivante; entr'eux régnait l'amitié la plus tendre, ce n'était qu'affection, caresses: ils étaient tellement accoutumés à vivre ensemble, que quand la femelle ne voyait pas son compagnon, elle criait, se débattait violemment, sans vouloir ni boire, ni manger. Cette heureuse sympathie a produit un phénomène que l'on n'avait jamais vu dans nos climaīs : c'est que la Dromadaire mit bas un petit, le 14 février 1753. Malheureusement on n'a pu l'élever, étant mort le troisième jour. Ce que l'on a remarqué, c'est que la mère l'a porté un an juste. On avait été jusqu'à présent indécis sur le temps que ces animaux portaient. Si on n'a pu réussir à élever ce petit Dromadaire, qui cependant était bien conformé, on ne peut affirmer que si une même circonstance se présentait, on ne réussirait pas encore. En effet, que l'on fasse attention au temps où le petit Dromadaire a été mis bas, c'était bien la saison la plus contraire pour lui, et je ne doute nullement que celui à qui appartenaient ces animaux, qui les montrait pour de l'argent, n'ait épargné le bois, et par conséquent la chaleur qui est si nécessaire à l'état de ces animaux des climats brûlans.

Il existe en ce moment à la ménage-

NATURELLE.

... du Jardin des plantes, deux Cha-
...eaux mâles; ils sont âgés d'environ 40
... ans; ils ont appartenu au prince de
...gne; on soupçonne qu'ils avaient été
... dans une guerre contre les Turcs.

On peut voir également à la même
...nagerie deux jeunes Dromadaires,
... mâle et l'autre femelle; ils n'ont que
... 10 ans : on les occupe à tirer de l'eau
...rès de la serre neuve.

Ils nous sont venus des Etats Barbares-
..., et c'est un présent fait par un sou-
...ain du pays au Gouvernement Fran-
...; ils sont d'autant plus curieux qu'ils
... blancs, et qu'il est rare d'en trouver
... cette couleur. On prétend cependant
... en vieillissant ils reprennent la cou-
... ordinaire de ces animaux.

...es deux Chameaux consomment 30
...es de foin par jour, et les Droma-
...res 20, c'est-là leur seule nourriture.

LA GIRAFFE.

Cet animal, confiné dans les déserts de l'Ethiopie et autres provinces de l'Afrique et des Indes, ne s'est jamais répandu dans les pays du Nord, ni même dans les régions tempérées ; cependant on le trouve dans les terres voisines du Cap-de-Bonne-Espérance. Il approche de la figure et de la nature du chameau, et a la peau à peu près comme le léopard, ce qui lui a fait donner le nom de *Caméléopard*. Ses jambes de derrière, qui paraissent beaucoup plus courtes (1) que

---

(1) On a cru jusqu'à présent que les jambes de derrière étaient beaucoup plus courtes que celles de devant ; mais on a reconnu que réellement elles étaient à peu près égales : la différence apparente provient des os des épaules et des vertèbres du dos, qui ont plus de largeur ; ce qui suffit pour que le train de devant paraisse plus haut.

celles de devant, rendent sa démarche vacillante, ses mouvemens lents et contraints.

Il marche l'amble naturellement, c'est-à-dire qu'il avance les deux jambes du même côté ensemble ; quand il saute, il lève ensemble les deux pieds de devant et ensuite ceux de derrière, comme un cheval qui aurait les deux jambes de devant attachées ; il court mal et de mauvaise grace, ce qui fait qu'on peut l'attraper très-aisément à la course.

La Giraffe est un animal doux, qui se laisse conduire où l'on veut, par une petite corde passée autour de sa tête ; ne fait aucun mal, ne se nourrit que d'herbes et de feuilles d'arbre, qu'il atteint à une très-grande hauteur : lorsqu'il veut paître ou boire, il faut qu'il écarte prodigieusement les jambes de devant ou bien qu'il s'accroupisse, à cause de la longueur de son cou qui n'est pas très-flexible.

Malgré cette pesanteur apparente et cette douceur, il ne laisse pas de bien se défendre quand il est attaqué; son train de derrière est alors si léger et ses ruades si vives, que l'œil ne peut les suivre; c'est ainsi qu'il parvient à lasser, à décourager le lion qui l'attaque.

La peau de la Giraffe est parsemée de taches rousses et d'un fauve foncé sur un fond blanc; ces taches sont très-près l'une de l'autre, et d'une figure ovale; de loin, on la croit d'une seule couleur; plus l'animal vieillit, plus ces taches deviennent brunes et mêmes noires.

La tête est armée de deux cornes de 6 pouces de longueur, et on voit au milieu de leur front un tubercule élevé d'environ 2 pouces; qui ressemble à une troisième corne naissante; ces cornes sont très-probablement des excroissances de l'os frontal; elles ne tombent pas annuellement comme celles des Cerfs, celles de la femelle sont plus petites.

Elle a le pied fourchu comme le bœuf, la lèvre supérieure plus avancée que l'inférieure, la queue menue, avec du poil à l'extrémité.

Le cou a 6 pieds de longueur, il est garni en dessus d'une crinière, qui commence à la tête, et qui se termine presque au milieu du dos.

Les dimensions de cet animal paraissent être généralement, dans les mâles, de 15 à 16 pieds, et de 7 pieds de longueur; les femelles sont moins longues et moins hautes.

Les Giraffes habitent uniquement les plaines; elles vont en petites troupes de cinq à six, et quelquefois dix ou douze; quand elles se reposent, elles se couchent sur le ventre, comme les chameaux, ce qui leur donne des callosités au bas de la poitrine et aux jointures des jambes.

Comme c'est un des premiers, des

plus grands et des plus beaux animaux, il n'est pas étonnant qu'il ait servi de spectacle et d'ornement de triomphe à Rome.

On peut voir le squelette de cet animal au Muséum d'histoire naturelle du Jardin du Roi ; il a été conquis sur les Hollandais, et faisait partie du cabinet de leur Stathouder.

LE LAMA.

Cet animal aussi nommé *Glama* ou *Chameau du Pérou*, est une bête de somme de l'Amérique. Ses pieds sont fourchus, surmontés d'un éperon, qui l'aide à se retenir et à s'accrocher dans les pas difficiles ; sa peau dure sert de chaussure aux Indiens. Les Espagnols en font des harnois ; sa toison est comme un mélange de celle du mouton et du poil de chameau, elle est courte sur le dos, la croupe et la queue, longue sur les flancs et sous le ventre.

Les Lamas ont environ 4 pieds de haut; ils vivent 15 à 20 ans.

Le Lama sauvage est de couleur fauve; on les rencontre rassemblés en troupes de 2 ou 300; à la vue du voyageur, ils soufflent des narines, hennissent, se sauvent sur les montagnes, grimpent sur les rochers les plus escarpés. Le froid est nécessaire à leur tempérament. On les chasse avec des chiens, qui souvent se découragent, et sont contraints de les abandonner, lorsqu'ils ont gagné les sommets des montagnes.

Les Lamas sont d'un naturel doux, faciles à apprivoiser, et sont des animaux domestiques de la plus grande utilité. Il ne faut pour les nourrir qu'un peu d'herbe verte, qu'ils mangent pendant le jour; ils emploient la nuit à ruminer; leur salive, très-abondante, leur sert de boisson; leur démarche est grave, lente, mais leur pas assuré.

Un-Lama peut porter jusqu'à 250 livres, fait 4 à 5 lieues par jour, descend des ravines précipitées, surmonte les rochers escarpés, va 4 ou 5 jours de suite, et se repose 24 ou 30 heures avant de se remettre en marche. Lorsqu'ils veulent s'arrêter dans le voyage, ils plient les genoux avec précaution, baissent le corps sans faire toucher ni déranger leur charge, et se relèvent de même au coup de sifflet de leur conducteur; il ne faut pas les excéder de fatigue, autrement ils se désespèrent, se jètent à terre, ne se relèvent plus; et si on les maltraite trop, ils se tuent, en se frappant la tête contre terre à droite et à gauche.

Le Lama n'a, pour se défendre, qu'un

unique moyen; c'est de rejeter au visage de celui qui le tourmente, tout ce qu'il a mangé; sa salive âcre, fétide et mordicante, fait lever des ampoules sur la peau.

LA VIGOGNE ou LE PACO.

Les Vigognes ou Pacos sont d'une très-grande utilité au Pérou; ils ont le même naturel et à-peu-près les mêmes mœurs que les Lamas. Leur laine longue et fine est aussi chère et aussi précieuse que la soie : cette fourrure, souvent noire, et quelquefois d'un brun mêlé de fauve dans les Vigognes, est dans les Pacos d'une couleur rose sèche, qui ne s'altère pas sous la main de l'ouvrier. On en fait des gants, des bas, des couvertures et des tapis d'un grand prix. En la mêlant avec du poil de lièvre ou de lapin, elle peut servir à la fabrication des chapeaux.

On appelle *Vigognes* ceux qui sont dans l'état de domesticité, et *Pacos* ou *Alpagnes*, ceux qui sont dans l'état sauvage et de liberté. Ils sont plus petits que les Lamas, moins propres au service, mais plus utiles par leur dépouille.

Ils se rassemblent en troupes, ne craignent nullement le froid, se tiennent volontiers dans les neiges et sur les glaces, habitent le sommet des montagnes où règne l'air le plus froid.

On les chasse et on les prend dans les bois : pour les saisir, on tend des cordes où l'on suspend quelques morceaux d'étoffe; on bat la forêt ; les Pacos effrayés n'osent passer devant les cordes, à moins qu'un Lama ne leur donne l'exemple de passer par-dessus : ils res-

1 le Cerf. 2 la Biche.

tent saisis de frayeur, et le chasseur les tue. On les prend aussi vivans avec un lacet de cuir.

LE CERF.

Le Cerf, animal innocent et tranquille, aime la solitude des forêts, dont il est, sans contredit, le plus beau des habitans et le plus bel ornement. C'est un quadrupède ruminant (1); il a le pied fourchu, le poil fauve ou rougeâtre, quelquefois brun, plus rarement blanc: sa taille est celle d'un petit cheval. Beau

---

(1) *Ruminer*, c'est remâcher la nourriture et l'avaler ensuite. Les animaux qui ruminent, mangent très vîte; ils ont, pour ainsi dire, quatre estomacs. Le Premier étant rempli d'herbes, autant qu'il en peut contenir; ces herbes, qui ne sont que très-peu mâchées, se fermentent; l'animal les aspire, les macère et les in-

par excellence, extrêmement timide, vif et léger à la course: armé pour sa défense, de cornes branchues et solides, qui tombent tous les ans, et que l'on appelle *bois*.

Le Cerf a tous les sens exquis, l'œil bon, l'odorat fin, l'oreille délicate; il entend jusqu'au bruit d'une feuille qui tombe. Sa retraite ordinaire est l'endroit le plus sauvage ou solitaire du bois; avant que d'en sortir, il examine si rien ne peut l'inquiéter; il s'arrête, lève la tête, écoute, regarde, se met sous le vent, pour s'assurer qu'il n'y a point d'ennemis aux environs, et ne se hasarde en plaine, qu'a-

---

bibe de nouveau de sa salive, et rend ainsi l'aliment plus coulant; il les réduit en une pâte assez liquide pour qu'elle puisse couler dans le conduit étroit qui communique du second au troisième estomac, où elle se macère encore avant de passer dans le quatrième, où se fait la décomposition dernière.

près avoir bien consulté la prudence. Il ne boit guères en hiver, encore moins au printemps. Dans les chaleurs, il va boire aux fontaines, aux mares, aux ruisseaux. D'un naturel doux, sociable, il s'apprivoise aisément, n'est craintif et fugitif, qu'autant qu'on le poursuit. Sensible au son du chalumeau des bergers, il l'écoute avec plaisir; les chasseurs ont quelquefois recours à cet artifice, pour le rassurer.

Le Cerf met bas son bois tous les ans, au commencement du printemps; alors on ne le voit guères paraître; il se tient réclus dans les broussailles, comme honteux d'avoir perdu ses défenses et son ornement, jusqu'à ce que de nouvelles cornes lui aient repoussé pour prendre la place des anciennes. Ces cornes, pendant qu'elles croissent, sont naturellement enveloppées ou couvertes d'une peau épaisse, brûlante au toucher, garnie d'un poil serré, court, gris, et leurs extrémités sont arrondies. Les Cerfs les plus vigoureux poussent leurs cornes plus vîte que les autres, et elles sont plus grandes et plus fortes. Si on les coupe pendant qu'elles sont encore tendres et revêtues de leur peau, elles jettent beaucoup de sang. Ces mêmes cornes étant dans leur grandeur parfaite, deviennent dures et osseuses par-tout.

Lorsqu'un Cerf courant une biche, rencontre un autre Cerf qui veut aussi la suivre, alors il s'engage un combat terrible ; ils se battent quelquefois jusqu'à la mort.

Les deux combattans commencent par s'éloigner l'un de l'autre ; ils grattent la terre avec leurs pieds, puis il se choquent l'un contre l'autre de telle sorte, qu'on entend d'une grande demi-lieue les coups de leur tête, jusqu'à ce que l'un d'eux demeure maître du champ de bataille; quelquefois leurs bois s'entrelacent ensemble, ils ne peuvent se dégager, et sont tous les deux dévorés par les loups.

Les rigueurs de l'hiver les réunissent, ils se mettent en troupes au mois de décembre, se tiennent serrés les uns contre les autres, et s'échauffent de leur haleine.

On n'a aucune certitude de la durée de la vie de ces animaux, mais toujours est-il constant qu'ils vivent très-long-temps.

Le Cerf change de nom suivant son âge; dans la première année on l'appelle *Faon*; à la seconde *Daguet*, parce qu'il pousse alors deux petites *perches* (1), qui excèdent un peu les oreilles; la troisième année les *perches* se forment de petits andouillers (2); au nombre de deux à chaque *perche*. Le nombre des

---

(1) *Perches*, c'est le commencement des *cornes* ou du *bois*.

(2) *Andouillers*, ce sont les branches ou chevilles qui sortent des *perches* du cerf.

andouillers augmente chaque année, sur le nouveau *bois*, jusqu'à huit ans, où leur tête est ordinairement semée et marquée de tout ce qu'elle portera jamais : passé ce temps, on ne peut plus connaître l'âge du Cerf à son *bois*.

Le Cerf se nourrit d'herbes, de jeunes bourgeons, et dans l'hiver de l'écorce des arbres.

Un particulier qui avait un Cerf privé, eut le désir de le monter, croyant, vu la rapidité et la légèreté de la course de cet animal, faire avec lui beaucoup de chemin en peu de temps : en conséquence, il le fit seller et brider, ce que l'animal souffrit patiemment; mais à l'instant où il voulut monter sur lui, l'animal se coucha à terre, et ne voulut point porter le cavalier.

On a trouvé le moyen de rendre utile le Cerf d'une autre manière, mais ce n'est qu'après sa mort. Sa peau préparée est un cuir souple et durable; les fourreurs font aussi des manchons avec sa peau; les selliers se servent de sa bourre pour rembourrer en partie les selles et les bâts; son bois est employé par les couteliers et les fourbisseurs à faire des manches de couteau ou de sabre.

Il existe un très-beau Cerf au Jardin du Roi.

LA BICHE.

La Biche est la femelle du Cerf, elle est plus petite que lui, et n'a point de bois; elle a quatre mamelles comme la vache, ne met bas qu'un petit, qui, comme nous avons dit, en sa première année porte le nom de *Faon*. Elle porte pendant 8 mois, elle s'apprivoise plus facilement que le Cerf, court avec la même vélocité : la croissance du *faon* est prompte, et quand il est devenu grand, la mère lui apprend à courir, à sauter et à se sauver des chiens; s'il ne lui obéit pas, elle lui donne des coups de pied. Lorsqu'elle entend l'approche des chasseurs, sa tendresse la porte à se présenter aux chiens et à fuir devant eux; les a-t-elle éloignés de son *faon*, elle se dérobe adroitement à leur poursuite et revient auprès de lui.

LE DAIM.

L'ANIMAL auquel on donne le nom de *Daim*, ressemble beaucoup au cerf, mais il est plus petit; il en diffère surtout, en ce que ses cornes sont larges et plates par le bout.

Les Daims ne vont jamais avec les cerfs, même ils se fuient. Ils sont d'une nature moins robuste et moins agreste que celle du Cerf; ils sont beaucoup moins communs dans les forêts; on les élève dans des parcs où ils sont à demi-domestiques. L'Angleterre passe pour être l'endroit de l'Europe où il y en a le plus. Lorsqu'ils se trouvent en grand nombre dans un parc, ils forment ordinairement deux troupes qui sont bien distinctes, bien séparées, et qui bientôt deviennent ennemies, parce qu'ils veulent également occuper le meilleur endroit du parc. Chacune de ces troupes a son chef, qui marche le premier, et c'est ordinairement le plus fort, les autres suivent et tous se disposent à combattre, pour chasser l'autre troupe. Ces combats sont singuliers par la disposition qui paraît y régner: ils s'attaquent avec ordre, se battent avec courage, se soutiennent les uns les autres, et ne se croient pas vaincus par un seul échec, car le combat se renouvelle tous les jours, jusqu'à ce que les plus forts chassent les plus faibles et les relèguent dans le mauvais pays.

L'AXIS.

L'Axis, que d'autres appellent *Cerf du Gange* ou *Biche de Sardaigne*, paraît faire la nuance entre le *cerf* et le *daim*; il a le cri d'un cerf et la forme d'un daim. Il est originaire des pays chauds de l'Asie, et cependant il vit et même multiplie dans nos pays tempérés. Tout son corps est marqué de taches blanches également disposées. Il existe au Jardin du Roi une femelle qui vient de la ménagerie du Stathouder. Le mâle existait aussi, mais un de nos commissaires des guerres l'a fait tuer, ainsi que d'autres animaux rares et curieux qui existaient dans cette ménagerie, pour en régaler ses amis.

LE CHEVREUIL.

Cet habitant des forets, plus petit que le cerf, est d'un aspect agréable, gai, vif, léger, preste, rusé; il vit en famille; le père, la mère et les petits vont ensemble, principalement pendant l'hiver; son bois se divise en quatre ou cinq *andouillers* ou *branches*, il tombe à la fin de l'automne et se refait pendant l'hiver. Cet animal vit 12 à 15 ans, il habite toujours les terrains les plus élevés; l'hiver il se retire dans les taillis fourrés; il vit de genêt, de ronces, de bruyères : au printemps il broute les boutons et feuilles naissantes des arbres; mais on a remarqué que cette nourriture chaude fermentait dans leur estomac et les enivrait, alors ils ne savent pas fuir, sortent souvent du bois, se mêlent avec les bestiaux, et sont aisés à surprendre.

L'été ils préfèrent les taillis élevés et n'en sortent que pour aller boire. Le loup est leur plus cruel ennemi.

Lorsque le Chevreuil est lancé, il s'exhale de son corps des émanations plus fortes que celles du cerf, aussi les chiens le suivent-ils avec plus d'ardeur et de véhémence ; lorsqu'il se trouve poursuivi de trop près, il a recours à la finesse, va, vient, revient, retourne plusieurs fois sur ses pas, d'un bond se sépare de la terre, se jète de côté à plat ventre, et laisse toute la troupe de ses ennemis ameutés errer autour de lui, sans pouvoir le trouver ; mais le chasseur, en imitant le cri plaintif des petits faons, le fait lever et courir auprès du chasseur, l'amour paternel lui fait oublier tout péril.

Le Chevreuil peut s'apprivoiser, son

naturel sauvage ne se perd pas cependant entièrement, il n'est jamais bien familier, on doit s'en défier, il conserve toujours le désir de la liberté; il prend quelquefois certaines personnes en aversion, s'élance sur elles; leur donne des coups de tête, les renverse et les foule aux pieds. On ne peut guère en élever que dans des parcs qui aient au moins 100 arpens; il s'épouvante aisément et se précipite contre les murailles avec tant de force, qu'il se casse les jambes.

La Chevrette, c'est ainsi que l'on nomme la femelle du Chevreuil, porte 5 mois et demi; elle met bas ordinairement deux faons, l'un mâle, l'autre femelle, à peu-près vers le commencement de mai.

De tous les animaux des forêts, la chair du Chevreuil est, sans contredit, la meilleure; elle est très-agréable, mais celle des Chevreuils qui vivent dans les pays secs et montagneux, est bien supérieure à celle des autres.

L'ÉLAN.

L'Élan est une espèce de cerf; on l'appelle dans le Canada, *Orignal*, au Cap, le *Canna*, dans la Grèce l'*Alcée*. Ce quadrupède ruminant est de la grandeur du cheval, il habite particulièrement la Moscovie, la Pologne, la Suède, la Prusse, le Canada, il est plus grand, plus fort que le cerf; ses jambes sont longues et menues, ses pieds noirâtres et ses ongles fendus, comme ceux du bœuf; son poil, d'un jaune obscur, mêlé d'un gris cendré, approche, pour la couleur, de celui du chameau, ce poil a jusqu'à 3 pouces de longueur; sa tête est fort grosse, ses yeux étincelans, ses oreilles ressemblent à celles de l'âne, sa queue est fort petite.

Cet animal timide habite les profondes solitudes des bois les plus épais, les terres basses et les forêts humides; il a l'odorat fin, se nourrit de feuilles, d'écorces d'arbre et de mousse.

Lorsqu'il court, il fait entendre de loin un craquement semblable au bruit de deux cailloux qui tomberaient l'un sur l'autre; ce craquement est occasionné par le jeu des articulations de ses pieds; ses jambes nerveuses le mettent en état de courir sur la glace et les rochers, avec la plus grande facilité; il évite ainsi les loups et les animaux carnassiers, qui ne peuvent le suivre dans ses retraites.

Lorsqu'il est poursuivi, il lui arrive souvent de tomber tout-à-coup, ce que l'on attribuait à l'épilepsie; mais il paraît que c'est plutôt l'effet de la peur et de la fatigue : lorsqu'il se sent frappé, il retourne sur le chasseur qui, s'il ne se sauve au plus vîte, court risque de perdre la vie ; l'Élan en fureur revient sur lui, et comme il a beaucoup de force, le foule sous ses pieds ou l'enlève sur ses cornes, et vient souvent à bout de le tuer.

Il n'y a que le mâle, comme dans les cerfs et les chevreuils, qui porte des cornes, il les met bas tous les ans aux mois de janvier et février ; ces animaux vont pour l'ordinaire en troupes ; ils sont aussi habiles à nager que le cerf.

La femelle, vers le milieu du printemps, met bas un ou deux *faons*, les élève et les garde avec elle pendant 2 ou 3 ans ; il n'y a point de dangers auxquels elle ne s'expose pour les défendre.

Quand on peut en attraper de petits, on les apprivoise aisément, et ils sont faciles à nourrir, en leur faisant téter une vache. On prend les gros de diverses manières, soit avec des cordes ou lacets, soit en les chassant avec des chiens dans des filets, ou en les faisant tomber dans des trous.

La peau de cet animal est fort épaisse presque impénétrable au coup de feu ; on en fait des cuirasses : ces même peaux, passées à l'huile, se vendent quelquefois sous le nom de *peau de buffle* ; on s'en sert à faire des baudriers, des ceinturons, des gants. Le poil est élastique, spongieux comme le jonc ; on l'emploie à garnir les selles.

LE RENNE.

Cet animal ruminant, des pays froids du Nord, a la figure du Cerf, mais il est plus grand et plus gros : tous ses membres sont plus déliés. Il a les pieds semblables à ceux des buffles, plus courts que ceux du cerf, et beaucoup plus gros; la corne de son pied est fendue en deux comme celle d'une vache; son poil frisé est roux, lorsque l'animal est jeune, brun lorsqu'il est vieux; il est d'une très-bonne fourrure. Ses cornes ont quatre branches principales, deux en avant, deux en arrière; elles tombent tous les ans. Enfin, ce qui distingue principalement le Renne de l'Elan et du Cerf, c'est que, par une singularité unique dans cette espèce, la femelle porte des cornes comme le mâle, et qui tous les ans se renouvellent.

Le Renne est extrêmement utile dans un climat presque toujours couvert de neige, où l'on ne peut avoir ni chevaux, ni vaches, ni brebis; il rend les mêmes services que ces trois animaux ensemble ; c'est donc le principal bétail de ces pays. Il broute l'herbe tendre, les jeunes feuilles grasses et épaisses, n'aime point le jonc ni les herbes rudes et dures ; l'hiver, il écarte la neige, pour se nourrir d'une mousse blanche, ou espèce de *lichen*, qui l'engraisse. On prétend que cet animal a un instinct particulier pour trouver cette mousse couverte de beaucoup de neige, et qu'il ne se trompe jamais lorsqu'il fait son trou.

Les femelles engendrent à deux ans, portent huit mois, mettent bas un faon dans le mois d'avril, le nourrissent, l'élèvent au milieu des champs, jusqu'à ce qu'il soit assez fort pour chercher sa nourriture lui-même. Elles fournissent aux Lapons du lait, du fromage et des petits. Les hommes et les femmes les trayent indifféremment et seulement une fois par jour, vers les deux heures après midi. Le lait qui leur revient jusqu'au lendemain matin, est destiné pour la nourriture de leurs petits. Les femelles qui ont des petits, fournissent un lait mieux conditionné que celles dont les petits sont morts. Ce lait est gras et épais, comme s'il avait été mêlé avec des œufs, et par conséquent fort nourrissant : épuré et battu, il donne, au lieu de beurre, une espèce de suif. Les Lapons en vivent, et font d'assez bons fromages de celui qu'ils ne mangent pas.

La chair des Rennes est excellente à manger ; elle est plus succulente et plus grasse dans l'automne.

Le Renne est naturellement sauvage et intraitable. Les Lapons sont parvenus à en faire un animal domestique très-utile ; il coûte très-peu de chose dans le pays. Les pauvres en ont dix à douze : ce n'est pas être riche que d'avoir deux ou trois cents Rennes. On les mène paître par troupeau, comme les vaches et les moutons chez nous ; après on les enferme dans de grands parcs, près des forêts; on les veille nuit et jour, l'hiver et l'été, de crainte qu'ils ne s'écartent, ou qu'ils soient attaqués par des bêtes sauvages. On les distingue par quelques marques particulières, afin que, s'ils s'égarent, ou qu'on les trouve bien loin, mêlés avec d'autres, on les puisse reconnaître : ces marques se font sur leur bois ou à leurs oreilles, mais principalement aux oreilles, parce que, leurs bois tombant tous les ans, il faudrait renouveller la marque trop souvent.

On attache le Renne à une voiture, qui est une espèce de bateau, ou traîneau appelé *pulka*, pointu par devant, ayant une quille étroite pour fendre la neige, sur laquelle il glisse facilement. Un homme, moitié assis, moitié couché dans cette voiture, peut faire beaucoup de chemin en un jour, pourvu qu'il ne craigne pas de verser, ni d'être englouti à tous momens dans la neige.

Le Renne, attaché à ce traîneau par une longe qui lui passe devant le poitrail, le tire avec une rapidité singulière, en foulant d'un pied léger les chemins couverts de neige, et marqués au commencement de l'hiver par des branches de sapin. Plus le chemin est ferme et battu, plus la course du Renne est rapide, il fait 30 lieues par jour. Il s'emporte quelquefois au point de n'écouter ni la voix de son maître, ni la bride attachée à son bois; ou s'il est forcé de s'arrêter, il se retourne d'impatience et vient fouler aux pieds son conducteur, si celui-ci n'a soin de se renverser et de présenter le dessous du traîneau aux pieds de l'animal irrité qui, quand il se croit vengé, s'appaise. Les cahots, dans cette voiture, sont très-fréquens; il faut s'attendre à être souvent renversé, si on ne prend la précaution de se faire lier dans le pulka. Un petit bâton dans la main du voyageur lui sert à éviter les troncs d'arbres, qui, par le choc, briseraient le traîneau. A droite et à gauche du chemin sont des abîmes de neige et des précipices affreux qui doivent faire craindre de quitter les chemins battus et indiqués.

En voyageant ainsi, bien enveloppé pour se garantir du froid, l'on porte sa nourriture sur le devant du bateau, quelquefois aussi du bois pour se chauffer; on est souvent obligé encore de porter avec soi une provision de mousse, qu'on mèle avec de la neige et de la glace, et dont on forme des pains très-durs qui servent en même temps de fourrage et de boisson à ces animaux, qui les mangent avec avidité; on se repose de temps en temps pour prendre de la nourriture, et en donner aux Rennes.

Au renouvellement des saisons, ces animaux perdent leur grande vivacité, ils maigrissent, leurs bois ressemblent à des os calcinés; à peine ont-ils la force de traîner à cent pas le pulka.

Outre cette maladie périodique, ils sont sujets, au printemps, aux piqûres, des insectes, c'est principalement une espèce de vers qui s'engendre dans leur dos, que l'on appelle *œstre ou taon des Rennes*; ils sont encore tourmentés par les mouches et les cousins, dont il y a une quantité d'espèces différentes en Laponie. Pour éviter ces insectes, on emploie deux moyens; le premier est de frotter les Rennes avec du goudron et du lait, pour empêcher qu'ils ne soient criblés par les piqûres, ou bien on brûle de l'agaric, du pin et du sapin, dont on fait une épaisse fumée, les Rennes se placent sous le vent et souvent sont endormis par la fumigation.

La chasse des Rennes sauvages est différente suivant les saisons. Au printemps, lorsque les neiges se ramollissent et retardent la course des Rennes, les Lapons, chaussés de leurs raquettes, courent après eux et les poussent, avec leurs chiens, dans des filets préparés. En automne, ils se servent des femelles domestiques pour attirer les Rennes sauvages qu'ils tuent à coups de mousquet ou de flèches.

Dans l'état de domesticité, le Renne vit douze à quinze ans; on croit qu'il vit plus long-temps dans l'état sauvage.

On fait avec la peau du Renne, des vestes, des culottes, des ceinturons, des gants très-élastiques, très-doux, très-moëlleux et d'un excellent user. Les Lapons filent en quelque façon les nerfs et les boyaux, et ne se servent guères d'autre fil.

LE BOUC.

Le Bouc (1) est le mâle de la chèvre; il diffère du bélier en ce qu'il est couvert de poil et non de laine. et en ce que ses cornes ne sont pas autant contournées que celles du bélier; de plus il porte une longue barbe et répand une fort mauvaise odeur. Il y a des Boucs qui n'ont point de cornes, ils

---

(1) Dans les campagnes, on lui donne le nom de *Cabre* ou *bouquin*, à cause de son odeur.

1. le Musc. 2. la Chevre. 3. le Bouc.

n'en sont pas, dit-on, moins bons, et sont même préférables dans un troupeau, parce qu'ils sont moins pétulans et moins dangereux.

Cet animal est très-vigoureux, un seul suffit dans un troupeau de cent cinquante chèvres; il doit avoir un grand corsage, les jambes grosses, le cou charnu et court, la tête menue, le poil noir, touffu et mollet, les oreilles grandes et pendantes, la barbe longue et épaisse.

On distingue le Bouc sauvage et le Bouc domestique : le premier que l'on nomme *Bouc-étain* ou *Bouquetin*, habite la partie des Alpes qui avoisine la Suisse et la Savoie; il est plus grand, plus fort et plus léger que le Bouc domestique; ses cornes sont brunes, noires, longues, un peu recourbées en arc, son oil est de couleur fauve; il habite le sommet des montagues couvertes de neige ou d'une glace qui ne fond jamais; il s'élance sur les rochers les plus escarpés, franchit les précipices; et lorsque le pied lui manque, il tombe sur les cornes sans se faire mal. Sur les montagnes et en rase campagne il se rue sur le chasseur qui le poursuit; mais losqu'il est engagé dans un défilé étroit, il perd courage et se laisse prendre.

Le sang du Bouquetin est un sudorifique pour les Suisses, qui le recueillent dans des vessies et le vendent fort cher. On peut regarder le Bouc sauvage comme la tige des Boucs domestiques; il s'aprivoise aisément et s'accoutume à la domesticité.

La barbe du Bouc ordinaire croît d'une si grande longueur, qu'on s'en sert pour faire des perruques, en y mêlant des cheveux; sa graisse sert à faire de la chandelle; sa peau bien préparée devient aussi douce et aussi moëlleuse que celle du daim, et est d'une aussi bonne qualité; on en fait des sacs qui servent de vaisseaux pour transporter du vin et des huiles. Le maroquin est fait avec des peaux de bouc et de chèvre : le plus beau et le meilleur est le rouge qui nous vient du Levant; le noir nous vient de Barbarie; on choisit l'un et l'autre haut en couleur, d'un beau grain, doux au toucher. Les maroquins se font aussi en France, mais ils n'ont ni la beauté ni la durée de ceux de Barbarie et du Levant.

LE CHAMOIS.

Le Chamois (1) diffère du bouquetin, en ce qu'il est plus petit que ce dernier, en ce que le Chamois vient quelquefois de lui-même se mêler au troupeau des chèvres domestiques; le bouquetin ne s'y mêle jamais, à moins qu'on ne l'ait apprivoisé. Le Chamois n'a point de barbe et a les cornes très-petites; le bouquetin au contraire a une très-longue barbe et de très-grosses cornes : cependant, malgré ces différences, le bouquetin et le Chamois ne paraissent être qu'une seule et même espèce; ils ont les mêmes habitudes, les mêmes mœurs et la même patrie.

---

(1) On le nomme aussi *Ysare*, ou chèvre des Alpes.

Cet animal a l'ouïe subtile, la vue perçante et l'odorat fin; il sent un homme d'une demi-lieue. Lorsqu'il entend quelqu'un qu'il ne peut voir, il est dans une agitation extrême, il siffle, frappe la terre du pied, gagne les éminences, et fuit dès qu'il a découvert l'objet de ses frayeurs; lorsqu'il se voit tranquille, il mange le tendre feuillage, les fleurs, les bourgeons, boit très-peu, rumine paisiblement, et va léchant les roches et pierres empreintes de salpêtre et de sel, qu'il aime beaucoup. On voit souvent de ces animaux en troupe de cinquante ou plus; pendant qu'ils paissent, il y en a toujours un de la bande qui est en sentinelle et a l'œil au guet; dès qu'il aperçoit ou entend quelque chose, il jette un cri par lequel il avertit les autres de fuir.

On fait avec les cornes du Chamois des pommes de canne; leur peau bien préparée s'emploie pour faire des gants, des bas, des vestes, des culottes : cette peau (1) a le grand avantage de pouvoir se savonner sans perdre de sa qualité.

LA CHÈVRE.

La Chèvre commune domestique ou privée, que l'on appelle vulgairement *Bique* ou *Cabre*, diffère de la brebis en ce qu'elle est couverte de poil et non pas de laine, qu'elle a communément les cornes longues, noueuses, renver-

---

(1) Ceux qui travaillent ces peaux son nommés *chamoiseurs*, ce qui semble indiquer qu'autrefois les peaux de chamois étaient très-communes ; mais aujourd'hui les peaux de cerf, de chevreuil et de daim, sont l'objet du travail et du commerce du chamoiseur.

sées en arrière, un toupet de barbe sous le menton, la queue courte et garnie de poils, le corps maigre et décharné, la taille haute et la voix faible et tremblante.

La couleur varie beaucoup; il y en a de blanches, de noires, de fauves et de plusieurs autres couleurs.

Toutes les Chèvres n'ont pas des cornes; et celles qui n'en ont point, sont ordinairement plus estimées que les autres.

La Chèvre est très-propre; il faut nétoyer tous les jours son étable, et lui donner de la litière fraîche; elle hait naturellement la salive et l'haleine de l'homme : ainsi, quand on lui donne de l'herbe, du son, du pain, ou quelque autre nouriture, il faut éviter de souffler dessus, car autrement elle ne voudrait pas y toucher, à moins qu'elle ne fût extrêmement pressée par la faim.

On mène les Chèvres aux champs, dès le grand matin et pendant la rosée ; on ne les retient à l'étable que l'hiver. Il faut les éloigner de la vigne et des bois taillis, auxquels elles causent un dommage considérable en les broutant, car leur morsure est pernicieuse aux jeunes arbres où elles peuvent atteindre, et elles atteignent haut en se dressant sur les pieds de derrière.

La Chèvre est de peu de dépense ; on ne lui donne du foin que quand elle a des petits, que l'on appelle *chevreaux*, ou *cabris*, ou *biquets*. On la peut traire soir et matin pendant cinq mois, et elle donne jusqu'à 4 pintes de lait par jour ; mais on ne commence à la traire que quinze jours après qu'elle a chevroté ; elle nous donne un lait qui tient le milieu entre celui de vache et celui d'ânesse ; il est moins épais que le premier et moins séreux que le second, ce qui le rend très-propre aux tempéramens pour lesquels le lait de vache serait trop pesant et celui d'ânesse trop aqueux : son usage donne de l'embonpoint aux personnes maigres, et rétablit les estomacs délicats. On fait avec le lait de Chèvre de très-bons fromages dans les départemens des Bouches-du-Rhône, des Basses-Alpes, de l'Ardèche, de la Losère, du Gard et de l'Hérault.

Jamais Chèvre ne mourut de faim, et l'herbe n'est jamais assez courte pour qu'elle ne trouve point à brouter. La Chèvre et le bouc habitent volontiers avec les brebis, et ils sympathisent si bien ensemble, que leurs maladies sont à peu près les mêmes.

Les Chèvres et les boucs que l'on nomme d'*Angora*, d'*Héraclée*, *Mambrine*, de *Juda*, paraissent être de même nature : le climat que ces animaux

habitent, y a mis seul quelques différences.

Les plus fins camelots sont faits de poil de Chèvres d'*Angora*, d'*Héraclée*, elles ont le poil très-blanc et très-soyeux; il est très connu dans le commerce, et nous vient des Indes, de l'Asie mineure et de la Barbarie.

LE SAIGA.

Le Saiga fait la nuance entre la chèvre domestique et la gazelle; on le trouve en Hongrie, en Pologne, en Tartarie; ses cornes, longues d'un pied, nettes et transparentes, servent aux mêmes usages que l'écaille : ces animaux ne vivent que d'herbes; ils préfèrent l'absinthe et l'armoise, ne broutent qu'en rétrogadant; ils habitent, l'été, dans les plaines, et l'hiver, gagnent les pays plus élevés :

leur chair est assez bonne à manger, mais dans de certains temps elle se trouve remplie de vers. Ils courent très-vîte et ont l'odorat très-fin ; ils sentent un homme de plus d'une lieue, lorsqu'il est sous le vent.

Les mâles seuls ont des cornes, ils ont la queue courte, le poil de dessus et des côtés du corps couleur isabelle, celui du ventre, blanc ; ils ont une raie brune le long du dos. Pris jeunes, ils deviennent aussi familiers que des chiens ; ils suivent par-tout leur maître et se prêtent à ses caresses.

LES GAZELLES.

On distingue plusieurs espèces ou peut-être des variétés différentes de Gazelles :

les principales et les plus connues sont le *Kevel*, la *Korine*, le *Koba*, le *Kob*, l'*Algazel*, le *Pazan*, le *Nauguer*, l'*Antilope*; on les voit aux Indes orientales et dans l'Afrique.

Les Gazelles (1) vivent en société; elles tiennent de la chèvre et du chevreuil : la différence qui existe entre les chèvres et les Gazelles, c'est que celles-ci n'ont point de barbe; de plus, les cornes de la Gazelle sont droites et cerclées, et que celles de la chèvre sont tournées et cordonnées. La Gazelle court légèrement par les montagnes, montant beaucoup plus vîte qu'elle ne descend la vallée, parce qu'elle a les jambes de devant plus courtes que celles de der-

---

(1) Ce qui est dit dans cet article, doit être pris pour les gazelles en général, et particulièrement pour les gazelles communes.

rière; elle tient ses oreilles droites comme un cerf, bêle comme une chèvre.

La chasse des Gazelles sauvages est singulière : on mène dans les lieux qu'elles habitent un mâle apprivoisé. La Gazelle sauvage, à la vue de ce nouveau rival, animée par la jalousie, vient fondre sur lui, tête baissée : à l'instant ses cornes s'entrelacent dans des cordes attachées à la tête de la Gazelle domestique, l'animal ne peut se sauver : le chasseur qui s'est mis en embuscade, accourt et la tue.

Le Kevel se trouve dans le Sénégal, il est plus petit que la Gazelle commune et à peu près de la grandeur de nos petits chevreuils; ses cornes, au lieu d'être rudes, sont aplaties sur les côtés; il a comme la Gazelle le poil court et fauve, le ventre blanc, la queue noire.

La Korine habite les mêmes pays que

le Kevel, elle est plus petite et ses cornes sont plus menues, plus courtes; son naturel doux la rend propre à la domesticité; sa chair est bonne à manger.

Le Koba et le Kob se trouvent aussi au Sénégal. Nous appelons le premier la *grande Vache brune*, le second la *petite Vache brune*: ces deux animaux ressemblent beaucoup à la Gazelle commune et au Kevel, mais la forme de la tête est différente, ayant le museau plus long. Le Koba est plus grand que le Kob; l'un est de la hauteur du daim, l'autre de celle du cerf.

L'Algazel est de la grosseur du daim, ses cornes sont très-longues, assez menues, peu courbées jusqu'à leur extrémité, où elles se courbent davantage, elles sont noires, enfin, elles ont près de trois pieds de longueur tandis que celles de la Gazelle commune n'ont qu'un pied.

celles du Kevel 14 à 15 pouces, et celles de la Korine 6 à 7 pouces.

Le PAZAU ou Gazelle du *Bézoard*, on le nomme ainsi, parce que c'est dans cet animal que l'on a trouvé, pour la première fois, le Bézoard (1), qui a été découvert depuis dans les autres Gazelles, et même dans les chèvres et les moutons. Il est du même climat que l'Algazel, il habite l'Egypte, la Perse et l'Arabie; l'un reste dans les plaines, et celui-ci ne

---

(1) Le Bézoard est une pierre qui se trouve dans le corps de certains animaux ruminans, dans les intestins, l'estomac, la vessie. Il y a deux espèces de Bézoard, l'un oriental, l'autre occidental : l'oriental est celui que donnent les *gazelles* ou *chèvres* des Indes; l'occidental, celui que fournissent le *chamois*, le *lama*, le *pacos*. On attribue au Bézoard oriental de grandes vertus sudorifiques. Enfin, ce qu'on appelle Bézoard, n'est autre chose que ce que nous appelons, dans les hommes, gravelle, et dans les animaux, égagropille.

se plaît que dans les montagnes. On en voit un crâne, surmonté de ses cornes, au cabinet du Muséum.

Le NAUGUER est une autre espèce de petite Gazelle du Sénégal, qui a trois pieds et demi de longueur sur deux et demi de hauteur; il est de la couleur et ressemble au Chevreuil, fauve sur le dos et blanc sous le ventre. Ses cornes, de six à sept pouces de longueur, sont noires et rondes, mais sont recourbées en avant. Cet animal est très-joli et facile à apprivoiser. Le *Nagor* a avec lui une parfaite ressemblance, excepté qu'il est d'un rouge brun sur le dos et d'un blanc sale sous le ventre.

L'ANTILOPE proprement dit, a des cornes de quatorze pouces de longueur qui se touchent, pour ainsi dire, à la base, et sont distantes, à l'extrémité, de quinze à seize pouces, ce qui leur donne la forme d'une lyre antique. Elles se trouvent communément en Barbarie et en Mauritanie ; leur taille est celle de nos plus grands chevreuils, et par conséquent elles sont plus fortes que les autres Gazelles, et aussi plus farouches ; elles sont très-propres, et ne se couchent que dans les endroits secs et nets. Elles sont de même très-légères à la course et très-attentives au danger, dès qu'elles aperçoivent un homme, un chien ou quelqu'un de leurs ennemis, et fuient de toutes leurs forces.

Rien de si difficile, selon Buffon, que de classer les différens animaux connus sous le nom de *Gazelles*; toutes ont si peu de différence, qu'on ne peut réellement leur assigner un rang bien distinct. Nous nous en tiendrons donc ici aux différentes Gazelles, dont nous n'avons, pour ainsi dire, donné qu'une nomenclature, en assignant cependant quelques légères différences.

En général, toutes les Gazelles ont de très-beaux yeux noirs, vifs, grands, et si tendres, que les Orientaux ne peuvent faire un plus joli compliment à leurs femmes, qu'en leur disant qu'elles ont les yeux beaux comme la Gazelle. Ces animaux ont les jambes plus fines et plus déliées que le chevreuil, le poil plus moëlleux, plus poli et plus court; ils courent uniformément plutôt qu'ils ne bondissent. Presque tous sont fauves sur le dos, blancs sous le ventre, avec une bande brune qui sépare les deux couleurs au bas des flancs; leur queue est plus ou moins grande, mais garnie de poils assez longs et noirâtres; leurs oreilles sont droites et longues, et se terminent en pointe. Toutes ont le pied fourchu et à-peu-près semblable à celui des moutons; elles ont, tant les mâles que les femelles, des cornes permanentes comme les chèvres.

Malgré la multiplicité des espèces de Gazelles et de Chèvres, il est encore d'autres animaux que quelques naturalistes confondent souvent avec elles, c'est-à-dire, que ces animaux paraissant tenir de l'un et de l'autre, peuvent être classés indifféremment avec ou à la suite de l'une ou de l'autre de ces espèces : tels sont le *Condoma*, les Chevrotains, le Musc. C'est en donnant une idée de ces animaux, que nous terminerons l'article des Gazelles.

LE CONDOMA.

Le Condoma se trouve au cap de Bonne-Espérance ; il est très-sauvage. Sa grande taille, son poil court, ses jambes fines, sa marche légère, la manière haute et fière dont il porte la tête, tout cela annonce un très-beau Cerf ; mais il a les cornes bien plus grandes; il a des taches blanches au-dessus des yeux, des raies sur le corps à-peu-près comme le Zèbre, mais on l'en distingue bientôt. Il a les yeux noirs et bien fendus; ses cornes ont une double flexion, et se terminent en pointe : elles sont hautes de deux pieds et demi en ligne droite. Les oreilles sont longues et couvertes d'un poil fort court, d'une couleur fauve, tirant sur le gris : le dessus du cou est garni d'une espèce de crinière, d'abord composée de longs poils bruns, qui deviennent plus courts et d'une couleur plus pâle, de manière qu'ils forment une ligne blanchâtre sur le dos, d'où partent deux raies encore plus blanches, larges d'environ un pouce et qui descendent le long des côtés.

LES CHEVROTAINS.

Les Chevrotains sont distingués, par tous les voyageurs, sous le nom de *petit Cerf* ou *petite Biche*. On les trouve aux Indes et dans les pays les plus chauds. Ils ressemblent en effet, en miniature, au Cerf et à la Biche : la figure du museau, la taille svelte, la queue courte, les jambes minces, tout est d'une conformation semblable aux Cerfs; mais ils sont si petits, qu'il y a des lièvres plus gros qu'eux. Ils sont susceptibles d'affection, ils sont caressans quand ils sont privés: ils ne marchent point, mais sautent et bondissent; leurs sauts sont si prodigieux, qu'ils escaladent une muraille de dix à douze pieds; ils se lassent facilement, et sont d'un tempérament fort délicat. Les Nègres les attrapent à la course. Ils n'ont jamais pu supporter la mer, et quelque soin qu'on ait pris pour en apporter en Europe, on n'a jamais pu y parvenir. Quelques-uns portent des cornes, et d'autres n'en ont pas : leurs pieds mignons sont très-recherchés des Indiens, ils les enchassent dans de l'or, y mettent de petits fers du même métal, et en font présent aux Européens, qui aiment les curiosités naturelles.

LE MUSC.

Le Musc, cette odeur si forte et si pénétrante, nous vient d'un animal qui le porte. Cet animal a beaucoup de ressemblance avec le Chevreuil, la Gazelle et le Chevrotain : on le trouve au Thibet et vers le Tunquin, royaumes voisins de la Chine et de la Tartarie. Il se plaît sur les montagnes escarpées, parmi les bois et les rochers, jamais il n'habite les plaines et les campagnes découvertes; timide, il va plus de nuit que de jour; sa vue est faible; les racines, les feuilles d'arbres, la mousse lui servent de nourriture : sur la fin de l'automne, temps où il cherche une compagne, il paraît inquiet, il va, vient sans cesse, et se prend souvent aux piéges qu'on lui tend; les mâles se battent à toute outrance, jusqu'à se déchirer, se percer les flancs avec les défenses dont ils sont armés, et qui sortent de la mâchoire supérieure : la couleur de son poil est d'un brun noir, où il y a quelques teintes de fauve blanchâtre, qui semble changer lorsqu'on regarde l'animal sous différens points de vue ; il paraît n'avoir point de queue. Rien n'est plus léger que cet animal, il gravit et descend avec une égale facilité les rochers escarpés, franchit des précipices affreux, fait des bonds étonnans, se détourne à propos, sait éviter, en courant, l'obstacle des branchages dans le bois, traverse à la nage les torrens les plus larges; et par l'écart qu'il donne à ses sabots et à ses ergots durs et pointus, il court sur la neige sans y enfoncer.

C'est de cet animal qu'on retire le musc; l'odeur en est trop sensible, pour que ce parfum n'ait pas été remarqué en même temps que l'animal qui le porte. C'est dans une petite poche d'un pouce de diamètre, que se trouve renfermé ce parfum; cette poche est placée près le nombril : le musc que fournissent les mâles, est plus estimé et recherché que celui des femelles, parce qu'il est plus odorant; c'est sur la fin de l'automne qu'il se trouve meilleur. On dit que le musc frais, à l'instant qu'on le tire de l'animal, a une odeur si exaltée, qu'il faut prendre la précaution de se fermer la bouche et le nez avec des linges, autrement elle causerait un saignement de nez violent et même pernicieux. Le chasseur, aussitôt après avoir tué l'animal, coupe la poche en question, la noue en forme de vessie, et fait dessécher la liqueur qui est dedans; cette liqueur paraît comme un sang corrompu; l'enveloppe est la peau même de l'animal, couverte de son poil.

Le meilleur musc est celui que les Indiens ramassent sur les rochers et les pierres contre lesquels cet animal se frotte, lorsque cette matière trop âcre lui cause des picotemens et des démangeaisons. On tue ces animaux, on leur coupe cette poche; lorsqu'elle n'est pas pleine, le chasseur y met quelquefois du sang de l'animal ou d'autres substances pour en augmenter le poids. Les Orientaux reconnaissent au goût et au tact une vessie de musc frauduleuse l'épreuve la plus certaine et de passer à travers un fil trempé dans du suc d'ail ; s'il perd son odeur, le musc n'est point falsifié.

Le musc est propre à ranimer les forces abattues ; cette odeur vive, pénétrante et tenace demande à être tempérée par le mélange de quelque autre odeur moins forte. Beaucoup de personnes ne peuvent la supporter qu'extrêmement mitigée.

Les habitans du pays se font, pour l'hiver, des pelisses et des bonnets avec la peau ; dépouillée de son poil, elle offre un tissu souple et satiné, qu'on emploie à faire des vêtemens légers.

LE MOUFLON.

Le Mouflon se voit dans les bois de la Russie, de la Sibérie, dans les îles de Sardaigne, de Corse et de Chypre. Il paraît être la source primitive de nos béliers, moutons et brebis. Cet animal vigoureux résiste aux intempéries de l'air; il habite également dans les climats chauds, froids et tempérés; couvert de poils plus ou moins épais, il jouit de toute la force qu'ont les animaux restés entre les mains de la Nature.

La race de cet animal, qui s'est répandue du nord au midi, devenue domestique, a dégénéré, subi les maux attachés à cet état, et varié suivant les climats, les nourritures et les divers traitemens. Les nouvelles habitudes du corps se sont perpétuées par les générations, et ont formé notre brebis domestique et toutes les autres races de brebis que l'on voit sur le continent. Le poil du Mouflon s'est changé en laine dans les climats tempérés.

Dans l'île de Chypre, on passe les peaux de Mouflon et l'on en fait des *cordouans* ou cuirs à souliers qu'on envoie en Italie.

LE BÉLIER.

Le Bélier est le mâle de la brebis. Cet animal paraît avoir bien dégénéré depuis que nous l'avons réduit à l'état de domesticité ; il est stupide, et n'a d'instinct que pour la pâture et la propagation ; sa chair n'est pas bonne à manger, elle conserve l'odeur et le goût de celle du bouc. Le nombre des anneaux que l'on remarque sur ses cornes, indique son âge, on le connaît aussi à ses dents : il vit douze à quatorze ans. Lorsqu'il arrive que des Béliers s'irritent et se disposent au combat, leur premier mouvement marque plutôt la crainte et la pusillanimité, que l'ardeur et le courage ; ils baissent la tête, se tiennent immobiles en présence l'un de l'autre; enfin ils s'approchent et se choquent rudement, et à coups réitérés, avec le front et la base des cornes, car la pointe est posée de façon qu'ils ne peuvent s'en servir : ils n'ont pas d'autre art pour se défendre ou pour attaquer, que d'opposer le front aux coups qu'ils donnent ou qu'ils reçoivent. Dans les combats les plus opiniâtres, l'œil est sans feu, la bouche et les oreilles presque sans aucun mouvement.

Un bon Bélier doit avoir le corps long et élevé, la tête grosse, le nez camus, les yeux noirs et hardis, les cornes retortillées ; il doit être fort chargé en laine.

Les Béliers de la belle espèce ont été transportés de la Barbarie en Espagne, en Angleterre et dans d'autres royaumes. La laine des troupeaux de cette espèce est recherchée par le commerce. Les Indes orientales ont fourni dans la Hollande et dans la Flandre des troupeaux dont la laine est fort estimée.

Le *Bélier de Valachie* est remarquable par la beauté de ses cornes, celui de Tunis par sa queue large et plate, couverte de laine blanche en dessus, noire en dessous ; elle pèse quinze, vingt et même jusqu'à trente livres. Ils sont plus bas des jambes, et leur tête paraît plus forte et plus arquée que celle de nos Béliers ; leurs cornes, qui font la volute, vont en arrière, elles sont blanches annelées de rides comme dans les autres Béliers. Ces espèces sont fort laineuses, leur laine a plus de 6 pouces de long en bien des endroits ; elle est généralement blanche.

Les Béliers sauvages, que l'on trouve à l'extrémité orientale de la Russie, ressemblent à la chèvre ; leurs cornes sont si grandes et si grosses, qu'il y en a quelques-unes qui pèsent vingt-cinq livres ; ils ont le poil semblable à celui du renne.

Ces animaux, aussi vifs et aussi légers que les Chevreuils, habitent les montagnes les plus escarpées, au milieu des précipices. Leur chair et la graisse qu'ils ont sur le dos sont fort délicates, leur fourrure est recherchée.

En Islande on voit des Béliers qui ont trois, quatre et même cinq cornes. Il ne faut pas s'imaginer que cette particularité soit commune à tous les Béliers de ce pays ; cela, au contraire, est très-rare.

LE MOUTON.—LA BREBIS.

Le Mouton est le bélier coupé, la Brebis est sa femelle. Une bonne Brebis doit être bien garnie de laine, et cette laine doit être longue, luisante et blanche, ce qui est une marque de bon tempérament ; elle doit avoir le corps grand, les yeux de même, le ventre large, la queue et les jambes longues : il en est de même du Mouton. Jusqu'à trois ans leurs dents sont toutes égales, mais après elles deviennent plus courtes les unes que les autres, c'est à quoi on connaît leur âge.

Cet animal domestique est le symbole de la douceur et de la timidité ; sa physionomie est décidée au premier coup d'œil ; les yeux gros et fort éloignés l'un de l'autre, les cornes abaissées, les oreilles dirigées horizontalement de chaque côté de la tête, le museau long et effilé sont des traits bien d'accord avec l'imbécillité et la stupidité de cet animal ; les cornes sont de couleur jaunâtre, chacune s'élève un peu en haut à son origine, et ensuite se replie en arrière et à côté, se prolonge en bas et en avant, et enfin se recourbe en haut et un peu de côté.

Quoique les cornes de ces animaux soient placées de la façon la plus désavantageuse pour leur défense, et la plus ignoble pour leur physionomie, cependant les Brebis, les Moutons et les Agneaux, qui n'ont point de cornes, paraissent encore plus faibles et plus stupides que ceux auxquels les cornes ne manquent pas.

En général leur port et leur attitude ne marquent ni agilité, ni force, ni courage ; leur corps ne présente qu'une masse informe posée sur quatre jambes sèches et roides ; la queue descend jusqu'au jarret et reste collée contre le corps, sans mouvement, comme une touffe de laine qu'on y aurait attachée.

L'homme qui s'est soumis des milliers d'individus (dit Buffon), ne peut se vanter d'avoir exercé son empire sur la Brebis. En effet, si l'on considère la faiblesse de cet animal sans défense, qui ne peut trouver son salut que dans la fuite, qui a pour ennemis tous les animaux carnassiers, qui semblent le chercher de préférence et le dévorer par goût ; que d'ailleurs cette espèce produit peu et ne vit que peu de temps, peut-on ne pas convenir que la Brebis s'est mise sous la garde de l'homme, qu'elle a besoin de sa protection pour subsister, et de ses soins pour multiplier ; puisqu'en effet, dans aucun pays on ne trouve point de Brebis sauvages :

enfin, si on abandonnait dans nos campagnes nos troupeaux nombreux, ils seraient bientôt détruits sous nos yeux, et l'espèce entière anéantie par le nombre et la voracité de ses ennemis.

La brebis est sans ressource et sans défense, les Moutons passent pour être encore plus timides; c'est par crainte qu'ils se rassemblent si souvent en troupeau; le moindre bruit extraordinaire suffit pour qu'ils se précipitent et se serrent les uns contre les autres, et cette crainte est accompagnée de la plus grande stupidité, car ils ne savent pas fuir le danger, ils semblent même ne pas sentir l'incommodité de leur situation, ils restent où ils se trouvent, à la pluie, à la neige, ils y demeurent opiniâtrément; et pour les obliger à changer de lieu et à prendre une route, il leur faut un chef qu'on instruit à marcher le premier, et dont ils suivent tous les mouvemens, pas à pas ; ce chef demeurerait lui-même, avec le reste du troupeau, sans mouvement dans la même place, s'il n'était chassé par le berger ou excité par le chien commis à leur garde, lequel sait en effet veiller à leur sûreté, les défendre, les diriger, les séparer, les rassembler et leur communiquer les mouvemens qui leur manquent.

Cependant cet animal si stupide, si dépourvu de ressources et même d'instinct ; si insensible, puisqu'une Brebis se laisse enlever son Agneau sans le défendre, sans s'irriter ; cet animal, dis-je, est des plus précieux pour l'homme, celui dont l'utilité est la plus immédiate et la plus étendue : seul il peut suffire aux besoins de première nécessité ; il fournit à la fois de quoi nous nourrir et nous vêtir, sans compter les avantages particuliers que l'on sait tirer du suif, du lait, de la peau et même des boyaux, des os et du fumier de cet animal auquel il semble que la nature n'a, pour ainsi dire, rien accordé en propre, rien donné que pour le rendre à l'homme.

Les animaux dont la nature est si simple, sont aussi d'un tempérament très-faible, ils ne peuvent marcher long-temps, le moindre voyage les fatigue ; dès qu'ils courent ils palpitent, et sont bientôt essouflés ; la grande chaleur, l'ardeur du soleil les incommodent autant que l'humidité, le froid et la neige ; ils sont sujets à un grand nombre de maladies, dont la plupart sont contagieuses, la surabondance de la graisse les fait quelquefois mourir, et toujours elle empêche les Brebis de produire.

Communément les Brebis n'ont pas de cornes, mais elles ont sur la tête des proéminences osseuses aux mêmes endroits où naissent les cornes des Béliers. Il y a cependant quelques Brebis qui ont des cornes, ces Brebis sont semblables aux autres, leurs cornes sont longues de 5 à 6 pouces, moins contournées que celles des Béliers.

Lorsque la Brebis est prête à mettre bas, on la sépare du reste du troupeau et on la nourrit de bon foin, d'orge moulu et de son mêlé d'un peu de sel, Aussitôt que l'Agneau est né, on le met droit sur ses pieds, on tire en même temps le lait qui est contenu dans les mamelles de la mère ; ce premier lait est gâté, et ferait beaucoup de mal à l'Agneau. Les Agneaux des premières portées ne sont jamais si bons que ceux des portées suivantes.

La Brebis a du lait pendant sept à huit mois après qu'elle a mis bas son Agneau ; ce lait, assez abondant, est une bonne nourriture pour les enfans et pour les gens de campagne; on en fait aussi de fort bons fromages, sur-tout en le mêlant avec celui de la vache.

La chair de la Brebis est mollasse et insipide, au lieu que celle du Mouton est la plus excellente et la meilleure de toutes les viandes communes.

Dans l'été on les fait sortir en troupeau sous la conduite d'un berger; les côteaux et les plaines élevées au-dessus des collines, sont les lieux qui leur conviennent le mieux; il faut éviter de les mener paître dans les endroits bas et marécageux. Dans l'hiver on les nourrit, à l'étable, de son, de navets, de foin, de paille, de luzerne, de sainfoin et de feuilles d'arbres; on ne laisse pas néanmoins de les faire sortir tous les jours, à moins qu'il ne pleuve, ou que la terre ne soit couverte de neige.

Rien ne flatte plus l'appétit de ces animaux que le sel, rien aussi ne leur est plus salutaire, lorsqu'il leur est donné modérément ; dans certains pays on met dans la bergerie un sac de sel ou une pierre salée, qu'ils vont tous lécher tour-à-tour.

Tous les ans on fait la tonte de la laine des Moutons, des Brebis et des Agneaux; dans les pays chauds on ne craint pas de mettre l'animal tout-à-fait nud ; l'on ne coupe pas la laine, mais on l'arrache, et on en fait souvent deux récoltes par an. En France et dans les climats plus froids, on se contente de la couper une fois par an, c'est au mois de mai que se fait cette opération, après les avoir bien lavés, afin de rendre la laine aussi nette qu'elle peut l'être. On choisit pour cela un beau jour, sans vent, et sur les huit heures du matin ; on lie chaque bête par les quatre pieds, on l'étend sur une grande nappe, et avec de grands ciseaux on lui coupe toute la laine près de la chair, puis, on lui frotte le dos de vin et d'huile mêlés; si on lui a fait quelque coupure, on y met du sain-doux. La laine des Moutons est ordinairement plus abondante et meilleure que celle des Brebis; celle du col et du dessus du dos, est la laine de la première qualité, on l'appelle *mère-laine*; celle des cuisses et de la queue est de la seconde qualité; celle de la gorge et de dessous le ventre n'est pas si bonne; enfin, celle qu'on prend sur des bêtes mortes ou malades, est sujette à la vermine, ainsi que la laine grasse. On préfère aussi la laine blanche à la grise, à la brune et à la noire, parce qu'à la teinture, elle peut prendre toutes sortes de couleurs: pour la qualité, la laine lisse vaut mieux que la laine crépue; on prétend même que les Moutons dont la laine est trop frisée, ne se portent pas aussi bien que les autres. Plus les climats sont doux et les pâturages abondans, plus la laine des Moutons et le poil des chèvres sont fins et tendres. Dans les pays froids, et les endroits où la nourriture est mauvaise, la laine devient grosse et rude.

Les Moutons d'Islande, par exemple, ont par cette raison une laine d'une roideur étonnante: on ne les tond jamais; cependant il leur vient tous les ans de nouvelle laine, l'ancienne se détachant d'elle-même; c'est une espèce de mue totale.

Dans toutes les manufactures on donne le premier rang à la laine d'Espagne, sous le nom de *Ségovie*; le second aux laines de France et d'Angleterre, et enfin, aux laines de Flandres qui ne sont pas les plus inférieures.

On peut encore tirer des Moutons un avantage considérable en les faisant parquer, c'est-à dire, en les laissant sétourner sur les terres qu'on veut améliorer; il faut pour cela enclôre le terrain de claies, et y enfermer le troupeau toutes les nuits de l'été ; le fumier, l'urine et la chaleur du corps de ces animaux, ranimeront en peu de temps les terres épuisées, réchaufferont celles qui sont froides, et feront produire les infertiles. Cent Moutons peuvent améliorer, dans un été, environ 8 arpens de terre, pour six ans.

Les Moutons n'ont pas d'autre graisse que du suif ; la graisse diffère du suif en ce qu'elle reste toujours molle, au lieu que le suif durcit en refroidissant: le suif du Mouton est plus abondant, plus blanc, plus sec, plus ferme, et de meilleure qualité qu'aucun autre ; c'est surtout autour des reins que le suif s'amasse en grande quantité ; c'est avec cette graisse, mêlée avec celle du bœuf, que l'on fait la chandelle.

LE TAUREAU.

Le Taureau, mâle de la vache, est l'animal sortant des mains de la nature, sur lequel l'homme n'a point exercé son empire pour le rendre docile et traitable comme le bœuf ; aussi est-il plus fier, ses mouvemens sont-ils plus brusques; il ne souffre point le joug patiemment; la couleur rouge le met en fureur, il est souvent furieux; un ton de voix grave et mâle, une démarche noble et orgueilleuse le distinguent du reste du troupeau : la présence d'un autre taureau l'anime au combat, des mugissemens sont le signal de l'action; les deux rivaux fondent l'un sur l'autre avec violence, le premier choc est suivi d'un second, d'un troisième, etc. si on ne les sépare, la victoire appartient au plus fort, qui revient triomphant, la tête levée, tandis que le vaincu se retire triste et confus.

Un taureau, pour être bon, doit avoir l'œil noir, éveillé, le regard vif et de travers; les cornes noires et plus courtes que celles du bœuf, le cou charnu et droit, les épaules et la poitrine larges, le dos droit, les jambes grosses, la queue longue et velue, le poil rouge, l'allure ferme.

Du reste, le taureau a l'instinct et les habitudes du bœuf, sa manière de vivre; il boit, dort, mange, rumine comme lui; il est sujet aux mêmes maladies, laisse après sa mort une dépouille aussi utile; on se se sert du sang de Taureau et de celui du bœuf pour purifier le sucre; il entre aussi dans la préparation du bleu de Prusse.

LE BOEUF.

Le Bœuf est le taureau coupé; on l'appelle *veau* jusqu'à deux ans, il est paisible et semble méconnaître sa force pour se plier à la volonté de l'homme; on en voit des troupeaux nombreux, dociles à la voix d'une femme ou d'un enfant, suivre sans s'écarter le chemin du pâturage, paître, ruminer, s'égayer sous les yeux de leur conducteur, se désaltérer au bord d'un ruisseau limpide qui arrose la prairie, et rentrer à l'étable sans résistance.

L'espèce de nos bœufs paraît être originaire de nos climats tempérés, la grande chaleur les incommode autant que le froid excessif; aussi elle y est plus abondante que par-tout ailleurs.

L'homme est parvenu à faire par-

1 le Bœuf. 2 le Belier. 3 la Brebis.

tager au Bœuf les travaux pénibles de la campagne; c'est avec lui que l'on défriche les terres; il trace d'un pas lent, mais égal, de profonds sillons, prépare nos moissons, transporte nos grains, et donne enfin toute sa force où l'adresse et l'intelligence du cultivateur ne pourraient suffire. Sa marche est pesante, mais il résiste à la fatigue; il souffre plus volontiers le froid que l'ardeur du soleil; sa force est dans sa tête et dans les muscles vigoureux de ses épaules: on ne l'emploie guères à porter des fardeaux, mais il est excellent pour le tirage. Les anciens l'attelaient à des chars, pour voiturer les femmes. Il traînait autrefois des carrosses, maintenant il sert sur-tout à tirer la charrue.

Dès l'âge de deux ou trois ans, on l'accoutume insensiblement au joug par les caresses, la douceur et la patience: les mauvais traitemens le découragent.

Lorsqu'il travaille, sa nourriture doit être plus copieuse; c'est le flatter, que d'y mêler du sel.

A trois ans les cornes tombent; la quatrième année, il en pousse de nouvelles qui, tous les ans, augmentent d'un anneau. Ces anneaux indiquent le nombre des années de l'animal: on les connaît également à ses dents. Un bœuf en bon état, a le poil luisant, épais, bien garni, et doux au toucher: ceux dont le poil est rouge, sont les plus estimés. En hiver, le foin, la paille, un peu d'avoine et de son; en été l'herbe fraîche, de gras pâturages, la vesce, la luzerne, les lupins (espèce de pois sauvages), sont de très bons alimens pour le bœuf: la trop grande quantité de feuilles d'arbres lui cause des maladies, trop de luzerne fraîche ou de trèfle, le fait enfler et quelquefois périr. Assez ordinairement il mange vite, prend sa suffisance, se couche, et rumine, c'est-à-dire qu'il fait passer les alimens successivement par ses quatre estomacs.

Le Bœuf, dans la prairie, ne dédaigne pas, comme le mouton, le cheval et la chèvre, l'herbe longue, dont la tige est dure; c'est presque le seul des animaux qui détruise l'herbe la plus grossière, et fertilise les pâturages par où il passe. Il dort d'un sommeil court et léger; le moindre bruit le réveille. Il se couche ordinairement sur le côté gauche; il a l'habitude de se lécher, il enlève le poil de sa peau avec sa langue qui est très-rude. Cette substance indigeste forme, dans son estomac, des pelottes rondes, connues sous le nom d'*égagropiles*, dont nous avons parlé à l'article des Gazelles. Pour l'en préserver, on a soin de frotter de leur fiente tous les endroits de leur corps, auxquels ils peuvent atteindre.

C'est de l'Auvergne que nous viennent les bœufs les meilleurs et les plus beaux. Ils prospèrent dans les pays chauds, mieux dans les tempérés, parviennent dans les bons pâturages, au poids de 1600 livres et plus. Lorsque les Bœufs s'épouvantent, ils n'écoutent rien, courent à perdre haleine, renversent tout ce qui s'oppose à leur passage, et ne s'arrêtent que lorsqu'ils sont épuisés de fatigue.

Cet animal si utile, si robuste, si vigoureux, armé de deux cornes toujours menaçantes, après avoir patiemment enduré le joug de l'esclavage et de la tyrannie, est tiré de la charrue à l'âge de dix ans: on l'engraisse, enfin on le vend au boucher, qui presque aussitôt l'abat et l'assomme, pour nous servir de pâture. Le Bœuf n'a donc pu trop se multiplier; aussi l'homme n'a rien négligé de ce côté, il y a appliqué tous ses soins. Peut-on concevoir, en effet, qu'il en existe assez seulement pour sa consommation journalière? Rien n'est perdu dans le Bœuf, sa chair est succulente et délicieuse, tout le monde en connaît l'usage; on l'emploie fraîche, on la sale, on la sèche et on la fume, pour la conserver.

La dépouille du Bœuf est aussi utile que sa chair. Le cuir tanné et corroyé est employé par les cordonniers et les bottiers; son poil, qu'on appelle *bourre*, sert aux bourreliers pour les selles, et sa corne entière servait aux anciens de vase à boire; les bouviers en font une trompe rustique pour conduire les bestiaux dans les prairies. Cette corne débitée, sciée, tournée ou fondue par le tabletier, sert à fabriquer des boîtes, des peignes, des cornets, etc.; le fiel sert pour blanchir et dégraisser les étoffes; les dégraisseurs l'emploient pour ôter les taches des habits; les peintres en font usage pour relever leurs couleurs et pour nétoyer leurs tableaux : la pellicule des boyaux du Bœuf, apprêtée, sert aux batteurs d'or, pour interposer entre les lames ou feuilles du métal, qu'ils amincissent à coups de marteau; on lui donne le nom de *Baudruche*, elle peut servir de même aux ballons. On fait avec le pied de Bœuf, une huile excellente à brûler; les pieds, les tendons, les cartilages, les rognures de la peau, bouillis, sont la matière de la colle forte; la meilleure vient de *Flandre*. Enfin, les excrémens du Bœuf sont un excellent engrais pour les terres sèches et légères.

Il n'est pas étonnant qu'avec tant d'avantages, le Bœuf ait attiré le respect des peuples superstitieux. Les Egyptiens l'adoraient sous le nom de *Bœuf Apis*; les Indiens lui rendent encore un culte. Par-tout le bœuf est traité avec le plus grand soin, et l'on s'est étudié à l'élever, à le multiplier, à prévenir et guérir ses maladies.

LA VACHE.

La Vache est la femelle du taureau, ses cornes sont plus minces, son ventre plus ample, ses cuisses plus petites; jeune elle s'appelle *Génisse* ou *Taure*. Une bonne Vache a la peau mince, douce, les jambes courtes, fortes, le *pis* volumineux et souple; grasse, elle donne moins de lait; sa principale utilité est dans ce produit, il fait la richesse des fermes et le soutien des gens de la campagne. La Vache n'a pas autant de force que le bœuf, mais elle en a la docilité, l'instinct et les bonnes qualités : on ne laisse pas cependant de l'employer au labour; mais alors elle perd de son lait.

Les Vaches blanches donnent plus de lait, les noires le donnent meilleur, celui des Génisses est trop clair, celui des vieilles Vaches trop sec en été, et trop épais en hiver.

Dans le département de la Charente-Inférieure, où on nourrit beaucoup de bestiaux, à cause des gras pâturages et des marais salans qui y existent, on trouve une espèce de vaches grandes et maigres que l'on nomme *Flandrines*, elles donnent une fois autant de lait que nos Vaches communes, et elles en ont en tout temps; c'est la même espèce qui se trouve dans le royaume des Pays Bas et dans la Suisse.

Tout le monde sait de quel usage est le lait pour nos besoins, on ne peut trouver une nourriture plus savoureuse et plus pectorale; le bon lait n'est ni trop épais ni trop clair, sa consistance doit être telle que, lorsqu'on en prend une petite goutte, elle conserve sa rondeur sans couler; il doit être d'un beau blanc, celui qui tire sur le jaune ou sur le bleu, ne vaut rien; sa saveur doit être douce, sans aucune amertume ni âcreté; il faut aussi qu'il soit d'une bonne odeur ou sans odeur; il est meilleur au mois de mai et pendant l'été que dans l'hiver. Le lait a trois parties bien distinctes : 1.° la partie caseuse qui sert à faire des fromages de toutes espèces; 2.° la partie butireuse ou huileuse qui fait le beurre, et sert à assaisonner la plupart de nos mets; 3.° enfin la partie séreuse, ou petit-lait, qui est une boisson saine et rafraîchissante.

Pour faire le beurre, on écrême ordinairement avec une coquille le lait après qu'il a été reposé, on verse cette crême dans une espèce de tonneau large par en bas et étroit du haut, et on la bat avec un bâton au bout duquel on a adapté une planche de la largeur de l'entrée du tonneau ou *barate* (c'est ainsi qu'on le nomme); on l'agite jusqu'à ce qu'elle soit convertie en une masse jaunâtre, qui est le beurre qui surnage dans un résidu que l'on appelle *lait de beurre*, et qui nourrit les bestiaux.

Pour faire le fromage, on se sert de *présure*, espèce de levain, dont la principale matière est le lait caillé, qu'on trouve dans le premier estomac du veau (1); on jette cette présure dans le lait pour le faire prendre, ensuite on met le lait caillé dans différentes formes pour en égoutter le petit-lait, et le fromage se trouve fait le lendemain; moins le lait a été écrémé, plus le fromage a de qualité.

---

(1) Plus la présure est gardée, meilleure elle est. On fait encore cailler le lait des animaux avec le suc du figuier; en mettant du vinaigre ou du sel après la présure, on fait durcir plutôt le fromage.

Plusieurs pays ont des cantons renommés par l'excellence de leur fromage; mais il n'en existe pas de meilleur que celui de *Brie*, département de Seine et Marne; cependant il en est d'autres qui ne sont pas à dédaigner : le fromage de *Marolles*, département du Nord, celui de *Livarot*, département du Calvados, de *Sassenage*, département de l'Isère, sont comptés, au goût de bien des gens, pour avoir leur mérite; le fromage de *Gruyères*, qui se fait en Suisse, avec une propreté et des attentions infinies, mérite à tous égards la réputation qu'il a; dans notre département du Doubs, on en fait qui porte le même nom, mais qui est inférieur en qualité. Enfin, le Royaume d'Italie, envoie par-tout le fromage de *Lodi*, qui jouit d'une très grande réputation : nous nommons ce fromage *Parmésan*, parce qu'une princesse de Parme a autrefois fait connaître en France. Tous ces fromages, ainsi que ceux de Hollande, sont uniquement de lait de Vache, et la crème y entre avec le lait; ceux où l'on mêle différens laits, ont un goût plus rance et plus insipide; le fromage de Roquefort passe pour être fait de lait de brebis.

L'*Eau de Mille-Fleurs*, d'usage en médecine, comme purgative, n'est autre chose que l'urine de Vache; on lui a donné ce nom pour ôter l'idée sale et dégoûtante que fait naître le nom d'urine.

Sur la Vaccine.

En terminant le chapitre de la Vache, nous ne pouvons passer sous silence cette découverte, ou plutôt cet art nouveau que l'on appelle la *Vaccine*.

L'art de *vacciner* a succédé à celui d'*innoculer*, c'est la même opération, avec cette différence, cependant, que le virus de l'inoculation se prenait sur des individus ayant la *petite vérole*, et que celui de la vaccination a été apporté d'Angleterre, et trouvé sur le *pis* ou *mamelon* de quelques Vaches du comté de *Glocester*.

Le hasard a conduit à cette découverte : on avait remarqué plusieurs fois que les femmes de ce comté, après avoir trait leurs Vaches, se trouvaient remplies de boutons purulens; on chercha la cause de cette espèce de maladie, et on trouva sur le *pis* desdites Vaches, des boutons ressemblans à ceux de la petite vérole : on inocula avec la matière qu'ils renfermaient, ce qui parut produire d'abord le même effet que sur les femmes qui trayaient les Vaches, et en outre paraissait propre à remplacer l'inoculation, qui souvent devenait dangereuse.

Depuis ce temps on a réitéré les expériences, qui ont été suivies d'heureux succès ; la matière a été envoyée dans les Etats voisins, de sorte que bientôt il n'y aura plus d'autre manière d'inoculer.

Nous avons en France un comité de Vaccine, qui s'est établi pour rendre compte au public des avantages de cette découverte, de l'utilité dont elle peut être, et qui sera inappréciable, si, comme on le dit, on parvient par la vaccination à détruire les ravages cruels de la petite vérole.

Il paraît que cette matière, que l'on nomme en Angleterre le *Cowpox*, ne sera pas long-temps particulière à cette île, puisque déjà on a trouvé de pareils boutons sur des Vaches du continent, dans le royaume d'Italie, et en France, à Levignac, département de Lot et Garonne.

LE VEAU.

Le Veau est le petit de la vache et du taureau; sa chair est une nourriture aussi abondante que saine et délicate : on le laisse auprès de sa mère pendant les cinq ou six premiers jours, afin qu'il soit toujours chaudement et qu'il puisse téter aussi souvent qu'il en a besoin; mais au bout de ce temps, on l'en sépare, parce qu'il est assez fort, et que d'ailleurs il épuiserait la mère s'il était toujours auprès d'elle; alors il suffit de le faire téter deux ou trois fois par jour : et si l'on veut lui faire une bonne chair et l'engraisser promptement, on lui donnera tous les jours des œufs crus, du lait bouilli et de la mie de pain; au bout de quatre ou cinq semaines ce Veau sera excellent à manger. On les laisse téter trente à quarante jours lorsqu'on veut les vendre aux bouchers ; mais si on veut les élever, il faut les faire téter deux mois. Dès qu'on les a sevrés, on doit leur donner le meilleur foin, les mener paître tout le long du jour, et les enfermer la nuit dans des étables à part. Il faut préférer pour élèves ceux qui sont nés aux mois d'avril, mai et juin ; les veaux qui naissent plus tard, ne peuvent acquérir assez de force pour résister aux injures de l'hiver suivant, ils languissent par le froid et périssent presque tous.

On appelle *Veaux de lait* ceux qui n'ont point encore mangé de foin, et *Veaux de rivière* ceux qui sont fort gros, qu'on élève du côté de Rouen, et qu'on nourrit de lait.

On connaît le mérite et l'usage des peaux de Veaux.

LE BUFLE.

Le Bufle est une espèce d'animal du genre des bœufs; il leur ressemble assez, mais il est plus grand; il est couvert de poils noirs, courts et en petite quantité, et n'en a point à la queue. Cet animal est commun aux Indes, en Afrique, et depuis plusieurs siècles en Italie. Les Bufles sauvages vont en troupeaux et font de grands dégâts dans les terres cultivées : les femelles portent neuf mois et ne produisent qu'un petit.

Le Bufle est, après le cochon, le plus sale de tous les animaux, il aime comme lui à se vautrer et à séjourner dans l'ordure, il aime l'eau, nage facilement et traverse les fleuves les plus rapides ; sa figure est grosse et repoussante, sa mine obscure, sa physionomie noire, son regard stupidement farouche, et sa voix est un mugissement plus grave que celui du taureau.

L'homme, par droit de conquête, a soumis encore à son empire cette espèce d'une grosseur énorme. Deux Bufles rendent aux Italiens, pour le labour des terres, le service de quatre bœufs; on les conduit à l'aide d'un croissant de fer, dont les deux pointes entrent dans le naseau de l'animal; une ficelle attachée au croissant, tient lieu de bride; mais dans certaines provinces de l'Italie, sur les confins de l'Etrurie, les Bufles sont, pour ainsi dire, moitié sauvages et moitié domestiques. Les fermiers dressent des chiens, et lorsqu'ils veulent labourer, ils font signe à leur chien, qui va dans les bois, saisit un Bufle à l'oreille, l'amène à son maître sans lâcher prise; celui-ci l'attache sous le joug, et pendant ce temps-là le chien va en chercher un autre pour mettre à côté du premier : le travail fait, on les ôte de la charrue, et ils retournent dans les bois.

Le Bufle femelle donne abondamment du lait (1) dont on fait de très-bons fromages; les meilleurs s'appellent *œufs de Bufles*, parcequ'ils ont la forme d'un œuf, l'autre espèce se nomme *provatura*. Un coup de fusil dans la tête ou dans l'épaule du Bufle, le tue; sur toute autre partie du corps, la balle ne fait que glisser ou ne le blesse que légèrement. Leur peau fait un objet de commerce considérable; en France on la passe à l'huile comme celle du chamois, elle est dure, légère, épaisse et de résistance; on l'emploie dans les armures.

L'aversion du Bufle pour la couleur

---

(1) Dans la Perse, le Bufle femelle fournit jusqu'à vingt-deux pintes de lait.

rouge, est générale dans l'Italie; il paraît avoir la vue faible, courte et confuse, et cela est si vrai, que s'il poursuit un homme, celui-ci évite sa fureur en se jetant par terre; le Bufle le perd de vue.

Les Bufles ont une mémoire surnaturelle, on les voit retourner d'eux-mêmes à leur troupeau, quoiqu'ils en soient très-éloignés; leurs gardiens leur donnent à chacun un nom, et pour leur apprendre à le connaître, ils le lui répètent souvent d'une manière qui tient du chant, en les caressant en même temps sous le menton. Ainsi instruits, ils n'oublient jamais ce nom auquel ils répondent exactement en s'arrêtant, quoiqu'ils se trouvent mêlés avec beaucoup d'autres.

L'AUROCHS.

L'Aurochs (1) paraît, suivant Buffon, être la race primitive, non seulement de notre taureau, mais même de tous les bœufs nommés ci-dessus. Cette race originaire a été altérée et modifiée par la diversité des climats, la nourriture et l'état de domesticité. Il est beaucoup plus grand que nos bœufs, il approche de la taille de l'éléphant; il a les cornes courtes et grosses et un bouquet de poil frisé sur le front. Cette race occupe toutes les zones froides et tempérées: on en trouve communément en Pologne, en Prusse, en Moscovie et

---

(1) L'aurochs est un nom allemand donné à l'*urus* ou *ur* de la Prusse, et est le même que le *tur* de la Pologne.

en Livonie. Cet animal est d'une force terrible, ses yeux sont pleins de feu.

LES BOEUFS-BOSSUS.

Nous comprenons sous ce titre différentes sortes de Bœufs portant une bosse, et qui se trouvent dans diverses contrées, ce sont principalement le Bonasus, le Bison, le Bakelys et le Zébu.

Le *Bonasus* est un Bœuf sauvage particulier aux Indes, il naît dans la Péonie; il est aussi grand que nos bœufs et de la même forme, à la bosse près; son cou est, depuis les épaules jusques sur les yeux, couvert d'un long poil bien plus dur que le crin du cheval; il a la voix du bœuf, les cornes assez courtes et courbées en bas autour des oreilles, de sorte qu'elles ne lui servent pas de

rande défense, elles sont d'un beau
oir luisant; le poil de son corps est d'un
ris cendré tirant sur le roux.

Le *Bison* ressemble à peu de chose
rès au Bonasus, sa bosse est une masse
e chair qui pèse jusqu'à cinquante
ivres; elle se mange comme la langue
e bœuf. Celui que l'on a vu à Paris,
n 1769, était originaire du pays des
llinois, il paraissait d'un naturel doux;
ceux qui le montraient lui donnaient à
manger à la main; on le nourrissait de
foin; il avait la moitié anterieure du
corps massive et très-velue, semblable
à la crinière d'un lion; la partie inférieure était couverte d'une laine douce
et soyeuse, la croupe était semblable
à celle du mulet.

Le *Bakelys* est commun dans les Indes; on s'en sert tant pour la monture que
pour l'attelage; son allure est douce;

on le conduit à l'aide d'une cordelette passée dans les narines, il fait 15 lieues par jour, au trot, et n'a besoin pour nourriture, dans le jour que d'une petite pelotte faite de sucre noir et de farine de froment pétrie avec un peu de beurre, et le soir un peu de pois chiches qu'on fait tremper une demi-heure dans l'eau. Ces animaux, par les soins et l'éducation qu'on leur donne, deviennent sensibles et extrêmement obéissans, aussi les Hottentots, savent-ils en tirer le plus grand avantage, soit pour porter, soit pour tirer; ils se couchent et se relèvent comme le chameau pour prendre et déposer leur charge; à l'ordre de leur maître, ils fondent sur leurs ennemis, les terrassent et leur frayent un chemin à la victoire; la voix seule de leur maître peut arrêter leur fureur. Cet animal joint à l'intrépidité martiale du cheval, l'affection et la fidélité du chien; il range les troupeaux et les défend contre les voleurs et les bêtes carnassières.

Le *Zébu* est plus petit que tous les Bœufs-Bossus que nous avons décrits ci-dessus : on le trouve dans l'Afrique; il est si familier qu'il lèche comme un chien, fait des caresses à tout le monde, et paraît avoir autant d'intelligence que de docilité; on l'attèle, on le monte et il court fort vîte; on le prend facilement en été, parceque les sables brûlans lui usent ses ongles. Quoique originaire des pays chauds, il peut vivre et produire dans un pays tempéré. La bosse que ces animaux portent, est une fois plus grosse dans le mâle que dans la femelle, qui est aussi d'une taille au-dessous de celle du mâle.

On peut voir dans le jardin du Muséum d'histoire naturelle, un Zébu; il n'est pas plus gros qu'un loup, mais il est très-gras, ce qui paraît lui causer une difficulté de respirer et le fait tousser souvent; la couleur du dos est d'un gris cendré tirant sur le bleu, le dessous du ventre d'un blanc sale, il a de très-petites cornes. Cet individu est femelle, et a été apporté en France par les ambassadeurs de Tipoo-Saïb; ils amenaient avec eux la paire, mais le mâle a péri dans le trajet des mers.

LE SANGLIER.

Le Sanglier est un animal sauvage, qui est la source primitive du *porc* ou *cochon* domestique et du *cochon de Siam*, tant sa manière de vivre et ses inclinations ressemblent à ces deux animaux dégénérés.

Le Sanglier se tient dans les bois les plus épais et les plus solitaires; il

1. Sanglier. 2. le Verrat.

Delignon Sculp

apporte en naissant toutes ses dents; il en a quatre qu'on appelle *défenses*, deux en haut qui servent à aiguiser les deux de dessous, qui sont meurtrières. Elles sont si tranchantes et si aigües, que si on passe la main dessus, sans y faire attention, on se coupe comme avec un couteau. Il y en a qui ont 8 à 9 pouces de long, elles sortent de sa mâchoire inférieure et se tournent en demi-cercle.

Une vie plus agreste, la nécessité de se défendre souvent, et sur-tout la liberté dont il jouit, donnent au Sanglier des mœurs caractérisées, dans lesquelles on reconnaît plus distinctement les inclinations de cette espèce unique en son genre. Il diffère du porc, en ce qu'il a les oreilles droites, plus petites et pointues; qu'il est noir, qu'il a les défenses plus grandes, et le *boutoir* ou groin plus fort, la *hure* ou tête plus longue, les pieds plus gros et le dos plus arrondi.

Le sanglier est plutôt frugivore que carnassier, cependant il est l'un et l'autre; il vit de graines, de racines, de fruits, mais il se nourrit aussi volontiers de chair : on en a vu manger de la charogne; il fouille, avec son boutoir, les terriers des lapins, qu'il parvient à attraper; enfin, il a une gourmandise si brutale, qu'il dévore indistinctement tout ce qui se présente à lui; il n'épargne pas même sa progéniture au moment où elle vient de naître. Il a l'ouïe, l'odorat et la vue si bons, que les chasseurs ont de la peine à le surprendre: il paraît être aussi très-jaloux, car s'il se présente un rival, il se bat jusqu'à la mort. Il crie rarement, mais il souffle avec tant de violence, qu'on l'entend de très-loin. Le Sanglier peut vivre jusqu'à vingt-cinq ou trente ans.

C'est depuis trois jusqu'à cinq ans que les Sangliers sont le plus à craindre, leurs défenses sont alors extrèmement tranchantes ; à mesure qu'ils passent cet âge, elles deviennent moins incisives, mais leur force les rend toujours très-redoutables ; à cet âge ils sont très-difficiles à forcer, parce qu'ils courent très-loin sans s'arrêter ; mais les vieux et ceux qui sont fatigués, après qu'ils ont été poursuivis vivement, ont coutume de s'acculer, soit contre un mur, soit contre un buisson, soit enfin contre un arbre ; alors ils font face aux chiens, en tuent plusieurs si on les laisse se livrer à leur ardeur ; mais c'est le moment où les chasseurs peuvent les tirer et les tuer à leur aise, encore faut-il qu'ils y aillent eux-mêmes avec beaucoup de précaution et de circonspection, armés d'une lance, car il est arrivé souvent que le Sanglier furieux s'est jeté sur le cheval et le cavalier.

Indépendamment de ce qu'avec sa chair on fait d'excellens mêts, même des pâtés délicieux, la hure est une des parties les plus recherchées sur les grandes tables dans les repas d'apparat.

LA LAIE.

La femelle du sanglier s'appelle *Laie*; ses mœurs, ses habitudes, la couleur de ses soies sont les mêmes, excepté qu'elle est un peu plus petite ; elle ne fait des petits qu'une fois par an, au nombre de 10 à 14 ; elle porte quatre mois, c'est ordinairement en avril et mai qu'elle met bas : elle choisit à cet effet un buisson fourré d'épines, et elle y reste trois ou quatre mois, si elle n'y est point inquiétée. On donne à ses petits, jusqu'à l'âge de six mois, le nom de *marcassins*; de six mois à un an, celui de *bêtes rousses*, parce qu'ils ont le poil roux; depuis un an jusqu'à deux, on les nomme *bêtes de compagnie*, parce qu'ils vont emsemble et par bandes sans se quitter; enfin on les appelle *ragots* (1) depuis deux jusqu'à trois ans, parce qu'à cet âge ils se quittent, se sentant assez forts pour se défendre eux-mêmes.

La laie n'a pas de défenses comme le sanglier, mais elle est très-dangereuse par ses coups de *boutoir* et ses morsures; il n'y a pas d'animal qui défende ses petits avec autant de courage et d'acharnement; si quelque passant en emportait un, qu'elle l'entendît crier, elle le poursuivrait et même l'attaque-

---

(1) Ces mots *bêtes rousses*, *bêtes de compagnie* et *ragots* sont des termes de chasse.

rait sans craindre aucun danger ; si elle et ses petits sont inquiétés par des chiens, elle se livre à eux, et de cette manière les détourne de la poursuite de ses petits, qui se cachent dans des feuilles, sous lesquelles ils se coulent comme des serpens : c'est ainsi que souvent elle reste victime de son amour maternel.

Les Laies vivent toujours en société ; elles se réunissent ensemble avec leurs marcassins et les jeunes mâles dont les défenses ne sont pas encore au point de leur rendre toute association inutile. Tous les sangliers qui composent cette troupe ont l'esprit de la défense commune ; non-seulement les Laies chargent avec fureur les chasseurs et les chiens qui attaquent la troupe, mais encore les jeunes mâles s'animent au combat ; la troupe se range en cercle, les plus faibles sont placés au centre, de manière que cette troupe ne présente par-tout qu'un front hérissé de boutoirs. Ce n'est qu'avec beaucoup de peine que les chasseurs, aidés de leurs chiens, parviennent à en détacher un de la bande, qu'alors on poursuit uniquement.

LE PORC ou COCHON.

Nous comprenons sous ce nom le *Cochon* et le *Verrat*, le nom de Porc qui n'est autre chose que le sanglier domestique, se prenant indistinctement pour les deux, avec cette différence cependant, que le *Verrat* est le mâle de la truie, dont nous parlerons plus bas ; le Cochon ne peut la féconder.

La plupart donc des *Porcs*, *Cochons*, ou *Verrats*, ont, comme la truie leur femelle, dix ou douze mamelons sous le ventre, cinq ou six de chaque côté, c'est ce que l'on ne voit dans aucune autre espèce.

Cet animal dégénéré, altéré par l'esclavage, a les oreilles molles et pendantes, signe de son ancienne domesticité, le sanglier au contraire les a droites ; le Cochon a le corps plus alongé que le sanglier ; ses soies ordinairement sont d'un blanc sale, parce qu'il se vautre souvent dans la fange, le sanglier les a noires ; enfin le Cochon a les yeux plus petits que ceux du sanglier, et beaucoup moins vifs, ce qui lui donne un air stupide.

Le Cochon a le corps informe, il a le cou si gros et si court, que la tête touche presque les épaules ; aussi il la porte toujours basse et de façon qu'il ne présente aucune figure ; ses jambes de devant ont si peu de hauteur qu'il semble que le Cochon soit forcé de baisser la tête pour s'appuyer sur ses pieds, et que tout son corps aille tomber en avant; aussi ne peut-il faire paraître aucune aisance dans ses mouvemens : il n'a point de souplesse dans les jarrets, à peine les plie-t-il pour les porter en avant.

Dans sa plus grande fureur, il a toujours l'air morne et l'attitude gênée ; il frappe, il perce, il déchire avec ses crocs, mais toujours sans adresse et sans agilité, sans pouvoir élever la tête et sans avoir la facilité de se replier sur lui-même, comme la plupart des autres animaux.

La race de nos Cochons d'Europe et celle des Cochons de *Siam*, ou de la *Chine*, se mêlent toutes trois ensemble et ne font par conséquent qu'une seule et même espèce ; seulement les Cochons d'Europe sont bien plus grands et plus gros que les autres ; ceux de Siam et de la Chine engraissent bien plus vîte : ils ont le corps et les jambes très-courts, le ventre pendant jusqu'à terre, les oreilles droites et très-peu de soies, qui dans tous sont noires.

Cet animal est d'une grande utilité, sur-tout pour les gens de la campagne; toute espèce de nourriture lui convient; sa gourmandise est excitée par les mets les plus sales et les plus dégoûtans; les matières grasses, humides, onctueuses, réveillent son appétit; il commence par lécher, et finit par avaler.

L'habitude de l'esclavage lui a fait perdre le désir et même le goût de l'indépendance, aussi en a-t-on fait des troupeaux. Ainsi réunis, on les mène dans les champs, qu'ils fouillent avec leur boutoir, pour manger les racines et les vers de terre, dont il sont très-friands. En automne, si on a un bois pour voisinage, il est avantageux d'y mener paître le troupeau : rien ne les engraisse mieux que les glands, les faînes, les châtaignes et autres fruits sauvages qu'ils y trouvent et qu'ils dévorent : les endroits bourbeux et fangeux leur plaisent aussi beaucoup, parce qu'ils s'y vautrent et y trouvent en abondance des insectes et des vers.

C'est en les menant dans les bois, qu'ils ont déterré et fait connaître cette espèce de champignon, estimé de bien des personnes, comme un mêts délicieux, et que l'on appelle *trufes*. Les Porcs, en fouillant la terre, les en ayant tirées et dévorés, les *Porchers* (c'est ainsi qu'on nomme ceux qui les gardent) ayant plusieurs fois remarqué l'excès de leur joie toutes les fois qu'ils en faisaient rencontre, eurent la curiosité de connaître ce qui leur occasionnait ce plaisir ; ils en ramassèrent, en portèrent dans les villes, où des palais plus délicats que les leurs, et aussi friands que celui des Porcs, s'en rassasièrent, et bientôt les payèrent au poids de l'or.

Lorsque les Porcs sont surpris, en pleine campagne, par un orage ou seulement une pluie abondante, on voit tout le troupeau, criant et courant, gagner à toutes jambes la porte de l'étable; les plus jeunes sont ceux qui crient le plus haut; ce cri est différent de celui qu'ils font entendre ordinairement: c'est un cri de douleur, semblable à celui qu'ils jettent lorsqu'on les garotte pour les égorger.

On ne doit pas laisser trop vieillir les Cochons. Lorsqu'on veut les manger bons, on commence à les engraisser dès l'âge de six mois; les glands, les faînes, les fruits pourris, des raves, des navets, des pommes de terre, le tout haché et bouilli, mêlé, soit avec du son, soit avec de la farine d'orge délayée dans du petit lait, du lait caillé et de l'eau grasse de vaisselle, tout leur est bon. Quelques personnes leur donnent le soir de la farine d'ivraie, délayé avec du son : cette nourriture, ou plutôt cette boisson, qui doit être claire dans le commencement, et petit à petit épaissie, les enivre, les fait dormir, et ils deviennent en peu de temps si gras, qu'à peine peuvent-ils se soutenir. On a vu des cochons, ainsi engraissés, peser jusqu'à huit cent cinquante livres.

Le cochon est d'un tempérament robuste qui lui fait supporter toutes sortes de climats ; il se trouve en Europe, en Asie, en Afrique, mais il manquait au nouveau monde : les Espagnols y en ont transporté, et il s'y est très-bien multiplié ; il y en a, comme en Europe, de domestiques et de sauvages.

Le Porc est sujet à plusieurs maladies ; la plus commune est la *ladrerie*, ou insensibilité ; on la reconnaît à des ulcères, à la langue et au palais, et ensuite à des grains ou espèce de piqûres blanchâtres dont leur chair est parsemée ; cette maladie infecte l'animal et rend sa chair très-mal saine (1) : c'est pour cette raison que la police a toujours eu l'œil sur cette espèce de viande.

C'est cette même maladie qui a fait proscrire cette viande parmi les Juifs, et après eux parmi les Mahométans, et regarder cet animal comme immonde, parce qu'elle est très-commune dans le Levant, et que l'on a cru reconnaître que c'était elle qui donnait la *lèpre* aux habitans de ces pays, qui au reste, savent se dédommager d'un

---

(1) Il y avait autrefois des hommes préposés à cet effet, qui avaient le titre de *conseillers-langueyeurs de porcs* ; ces places étaient très-honorables et très-lucratives.

autre côté de cette privation superstitieuse.

Quoi qu'il en soit du goût des Juifs et des Mahométans, le Cochon n'en est pas moins d'un grand profit, et le commerce que l'on en fait est très-lucratif. Sa chair et toutes ses parties servent à une infinité de choses dont on a besoin pour la provision d'une maison. On en fait du *petit-salé*, du *lard*, du *boudin*, des *saucisses*; du *sain-doux*, du *vieux-oing*; elle se vend fraîche ou salée, rôtie ou bouillie ; enfin, on l'assaisonne de mille manières : ces différentes préparations constituent l'art du *charcutier*.

La tête ou la hure se mange fumée, bourrée et farcie, on en fait du fromage, le museau se grille, les cuisses fumées et salées s'appellent *jambon*, les pieds panés sont connus sous le nom de pieds à la *Sainte-Menehoult*, la langue se prépare aussi de différentes manières; enfin, cette viande hachée porte le nom de *chair à saucisses.*

Le sang se recueille avec soin quand on tue le Cochon, on en emplit des boyaux avec de la graisse, du sel et des épices; c'est ce qui fait le *boudin.*

On trouve entre la peau et la chair une grande quantité de graisse que nous avons dit être nommée *lard* ou *petit-lard*, selon qu'il est plus ou moins près de la chair; la graisse qui entoure les intestins est très-différente du *lard*, on la nomme *panne*; fondue, elle se nomme *sain-doux*; gardée et rancie, c'est du *vieux-oing* : c'est avec cette dernière matière que l'on graisse les essieux des voitures, ce qui produit le *cambouis*, qui n'est par conséquent autre chose que du vieux-oing noirci par le frottement autour des essieux des roues.

La peau du Porc, ainsi que celle du

sanglier, sert à faire des cribles ; ses poils, ou plutôt ses soies, font des pinceaux et des brosses.

LA TRUIE.

La Truie est la femelle du porc, elle diffère de la Laie en ce qu'elle est domestique, et la laie sauvage ; en ce que la laie ne fait des petits qu'une fois par an ; et que la Truie au contraire met bas deux fois, l'une par conséquent est plus féconde que l'autre ; cette différence est l'effet de la disette de nourriture dans l'animal sauvage, ou plutôt la nécessité où elle se trouve d'alaiter plus longtemps ses petits.

La Truie porte près de 5 mois, met bas ordinairement en avril et octobre. Une chose singulière et remarquable, c'est que la truie donne au premier né la première mamelle, qui est la plus proche des jambes de devant, et celle qui contient le plus de lait, et ainsi de suite jusqu'au dernier; aussi chaque petit connaît-il sa mamelle dans l'ordre qu'il est venu au monde : on n'a pas vu qu'ils ayent changé la leur pour en prendre une autre; de-là vient que si on ôte à la mère un de ses petits, la mamelle qu'il tenait se flétrit incontinent.

On a vu des Truies avoir jusqu'à dix-sept petits. Leur première portée est moins nombreuse, les petits sont faibles et même imparfaits, quand elles n'ont pas un an; après ce temps, à chaque portée, elles augmentent en nombre : on a coutume de ne leur en laisser qu'autant qu'elles ont de mamelons, les autres se vendent au bout de quinze jours, ce sont ces petits que l'on appelle *Cochons de lait*; ceux qui res-

1. le Dogue 2. le Chien de Berger 3. le Chien Basset à Jambes torses.

tent, passé ce temps, s'appellent *pourceaux*.

Indépendamment du grand nombre de petits que produit la Truie, elle fournit encore les mêmes avantages que le Cochon, mais sa chair n'est pas aussi délicate, sur-tout lorsqu'elle a porté.

LE CHIEN (1).

L'HOMME ambitieux d'étendre son domaine sur toute la terre, n'aurait jamais pu réussir s'il n'eût eu l'art de

(1) Il a été impossible de faire graver toutes les espèces de chiens ; nous en avons choisi trois des plus remarquables, savoir : le *Chien-de-Berger*, comme étant la tige originaire des autres ; le *Dogue*, comme étant le plus gros et le plus fort ; et le *Basset* à pattes concaves en dedans ; a plus de facilité que les autres pour fouiller dans la terre, les terriers des lapins et des renards.

mettre divers animaux dans son parti. Nous avons vu déjà l'usage qu'il a su faire de l'âne, du bœuf, de la brebis, du renne, etc., il nous reste à parler de l'animal sans lequel peut-être toutes ses tentatives auraient été infructueuses. Le Chien est donc une des conquêtes les plus utiles que l'homme ait faite sur l'état sauvage; tantôt c'est un *Chien-de-berger*, il garde les troupeaux, les rassemble dans un pâturage limité, court, va et vient, toujours prêt à exécuter les ordres du berger; garantit le mouton timide de la gueule du loup ravisseur, rappelle la brebis errante et le bœuf récalcitrant; tantôt emporté par l'ardeur de la chasse, c'est un *Limier* qui lance et poursuit, sous les yeux de son maître, le sanglier féroce, le daim léger; c'est un *Braque* intelligent, qui, par la finesse de son odorat, découvre au chasseur la retraite du gibier; tantôt, c'est un *Basset*, ou un *Chien-courant*; qui poursuit le lièvre et le lapin, et avertit le chasseur en donnant de la voix, vient mettre à ses pieds la proie qu'il a poursuivie dans les champs ou les bois: en un mot, c'est un domestique sûr et vigilant, toujours prêt à défendre, au péril de ses jours, la vie et les intérêts de son maître; il le suit par-tout, lui fait compagnie, le flatte, le caresse. Sans aucune volonté, il obéit sans résistance; s'il fait une faute, il vient avec docilité en recevoir le châtiment et lèche la main qui le punit : rien ne peut corrompre sa fidélité, toujours il retourne à celui qui l'a élevé; insensible aux appâts d'une condition meilleure, il reste attaché au maître le plus pauvre, le plus indigent et le plus misérable : en un mot, c'est le symbole de l'amitié, de la fidélité la plus pure, la plus inaltérable.

Il n'est personne qui ne connaisse des exemples de ces deux vertus qui constituent essentiellement le caractère de cet animal. Son maintien, ses gestes, ses yeux, le mouvement de sa queue sont le langage le plus expressif des sentimens de son ame; l'affection, la reconnaissance, les regrets de l'absence, la joie du retour, ses desirs, tout se manifeste chez lui avec le plus grand éclat. Il aboie, hurle, met de l'accent dans sa voix pour exprimer sa joie, sa douleur, sa crainte, sa vigilance, sa colère, sa victoire ou sa défaite.

Les Chiens sont si multipliés et si variés qu'il est difficile de les classer d'une manière distincte, à peine même si on peut assigner une race primitive; elle ne paraît être autre cependant, suivant l'Interprète de la Nature, que le Chien-de-berger. Quoi qu'il en soit, nous diviserons les Chiens en trois classes. La première sera celle des poils longs, et comprendra le *Chien-de-berger*, le *Chien-loup*, l'*Epagneul*, le *Barbet* et le *Chien-lion*.

La seconde sera celle des poils ras, et renfermera le *Dogue*, le *Doguin*, le *Danois*, le *Levrier*, le *Chien-courant*, le *Braque*, le *Basset* et le *Roquet*.

La troisième et dernière sera le *Chien-Turc* ou de *Guinée*, qui est sans poil.

Les Chiens livrés à eux-mêmes, et dans leur état de première nature, vivent en société; on les voit en troupes dans les pays sauvages, actifs, courageux; pressés par le besoin, ils font la chasse aux lions et aux bêtes féroces. Il en a peu coûté à l'homme pour aprivoiser et fixer leur naturel errant et vagabond. Le Chien-de-berger est celui qui ressemble le plus au Chien sauvage; ce Chien, malgré sa laideur et son air triste, montre une intelligence supérieure, un caractère décidé et des talens qu'il tient autant de son naturel que de son éducation.

L'influence du climat a agi sur cette espèce ainsi que sur tous les êtres de la nature; transporté hors de son pays natal, le Chien a dégénéré dans sa postérité, et cette même postérité transplantée a souffert une nouvelle altération : du croisement des races sont nées ces variétés infinies qu'on remarque dans les Chiens.

Dans quelques climats, l'effet du changement est singulier; le petit Danois transporté dans les pays chauds, perd au bout de quatre ans, la voix et le poil, au point que ce Chien en perdant la voix et ses talens devient une espèce de gibier, par conséquent bon à manger, et se vend dans les marchés. En Sibérie, les Chiens tirent des traîneaux et des charettes.

Rien n'est si commun que d'accoutumer les Chiens à rapporter les effets perdus ou égarés; on leur apprend aussi une infinité de tours, pour servir de divertissemens dans les foires. Les Dogues paraissent intrépides au milieu des feux d'artifice ; d'autres font la révérence, la culbute, etc. Dans nos départemens méridionaux, ils tournent la broche au moyen d'un tambour dans lequel on les enferme, etc.

La Chienne porte soixante jours, et met bas, au bout de ce temps, quatre ou six petits qu'elle alaite; elle les lèche autant par caresses que par propreté. C'est aussi par un excès de propreté, qu'elle avale leur urine et mange leur excrément. Sa tendresse pour ses petits éclate lorsqu'on les lui enlève; elle suit d'un air inquiet son maître qui les emporte, elle semble les réclamer avec instance; et si c'est un autre que son maître, elle le menace et même le mord si on ne les lui rend pas; en les lui rendant, elle les porte avec sa gueule, l'un après l'autre, à l'endroit où elle les alaite.

Le petit chien n'a les yeux ouverts qu'au bout de dix ou douze jours; à neuf ou dix mois, il est dans sa force. La nourriture ordinaire du Chien est le reste de la table de son maître. Dans l'état domestique, on lui jette des os, qu'il concasse, broye, ramollit, digère, et dont il extrait le suc nourricier; il s'accommode de toutes sortes d'alimens. Il est rare de le voir manger des végétaux crus; seulement lorsqu'il se sent malade, il broute quelque peu de *chiendent*, qu'il sait parfaitement distinguer des autres herbe : c'est ainsi qu'il se guérit.

Il n'est personne qui n'ait remarqué qu'avant de se reposer, le Chien tourne sur lui-même, qu'il boit en lapant, qu'il urine en levant une cuisse de derrière; enfin que ces animaux, lorsqu'ils se rencontrent, paraissent prendre plaisir à se flairer mutuellement l'anus, habitude qui a fourni à *Phédre* le sujet d'une de ses fables. Le sommeil du Chien est facile à interrompre; s'il vient un homme mal vêtu ou suspect, il s'inquiète, il jappe ou il aboie, selon que sa colère est plus ou moins forte.

Plusieurs ennemis le tourmentent, tels que les puces et les mites; il est sujet aussi à plusieurs maladies. Quand il est jeune, il est attaqué d'une espèce de gourme qu'on appelle communément *maladie des chiens*: des purgations réitérées le tirent du danger qu'il court; mais la maladie la plus dangereuse est, sans contredit, l'*hydrophobie* ou la *rage*. Cette maladie est causée à ces animaux par la disette du boire ou du manger pendant plusieurs jours, ou quelquefois par la mauvaise qualité des matières corrompues dont ils se nourrissent assez souvent, ou encore par le défaut de transpiration, après avoir long-temps couru. Cette maladie terrible rend le Chien d'une fureur aveugle et meurtrière qui s'empare de lui; il s'élance indifféremment sur les hommes et sur les animaux; il les mord, et sa morsure leur communique la même maladie, si on n'y porte un prompt remède. Cette maladie gagne d'abord les parties du corps les plus humides, telles que la bouche, la gorge, l'estomac; elle y cause une ardeur, un desséchement et une irritation si grande, que le malade tombe dans une aliénation de raison, dans des convulsions, dans une horreur et une appréhension terrible de tout ce qui est liquide: aussi ne faut-il pas s'étonner si les animaux, ainsi que les hommes, dans cet état de fureur, ont une aversion insoutenable pour l'eau: les efforts qu'ils font pour avaler des liqueurs, sont vaincus par un obstacle inconnu qui leur monte à la gorge; les bains froids, l'immersion dans la mer, les calmans, la panade mercurielle ont été employés comme des remèdes salutaires; bien souvent on a été obligé d'étouffer le malade. Lorsqu'on a été mordu par un Chien, on peut s'assurer s'il est enragé en lui présentant de l'eau; si on l'a tué sans faire cette épreuve, il n'en reste d'autre que d'offrir à un Chien vivant, un morceau de viande frotté contre la gueule non ensanglantée, les dents et les gencives du Chien mort; le refus de cette viande, avec hurlement, est une preuve de la maladie.

Enfin, le Chien a été de tout temps l'objet des soins de l'homme. Les Egyptiens donnaient une tête de Chien à leur dieu *Anubis*; on le voit réprésenté sur les monumens antiques et sur plusieurs médailles, il est encore honoré aujourd'hui chez les *Japonais*. Le Chien, parmi les poëtes et les peintres, est le symbole de la fidélité ; la vivacité de ses regards, son air libre et libertin en avaient fait chez les Grecs le symbole de l'impudence, d'où est venu le nom de *cynique* pour désigner les hommes dont l'audace égale celle des Chiens.

Après nous avoir servi, nous avoir amusé pendant sa vie, le Chien nous est encore utile après sa mort ; sa graisse entre dans la composition des perles fausses, sa peau sert à faire des gants, celles dont les poils sont longs, fins et beaux, sont employées pour diverses fourrures ; les pelletiers savent leur donner du relief, et sont parvenus à leur faire imiter, en les teignant et leur faisant subir différentes préparations, la peau

1 Loup. 2 le Chat Sauvage. 3 le Blaireau.

de divers autres animaux dont les fourrures sont précieuses, telles que celles du tigre et de la panthère. Le poil peut entrer dans la bourre.

LE LOUP.

Quoique le Loup, par sa forme, paraisse être une espèce de chien, il en est cependant très différent ; leurs mœurs et leur caractère sont tout à fait opposés, il y a même entr'eux la plus grande antipathie ; ils sont ennemis par instinct. Un jeune chien, au premier aspect du Loup, fuit, son poil se hérisse, il court en tremblant se ranger entre les jambes de son maître ; un mâtin qui connaît ses forces, s'indigne en le voyant, l'attaque avec courage et tâche de le mettre en fuite ; jamais ils ne se rencontrent sans se fuir ou sans se combattre à toute outrance jusqu'à ce que le mort s'ensuive; si le Loup est le plus fort, il déchire, il dévore sa proie; le Chien au contraire laisse pourrir le cadavre de son ennemi. C'est au cou du Chien que le Loup se jette d'abord, c'est ce qui fait que dans les campagnes, les bergers ont coutume de mettre à leurs Chiens un collier hérissé de pointes de fer; rarement ces Chiens sont victimes du Loup; mais celui-ci plus rusé, ne néglige aucuns moyens pour le surprendre. Quelquefois il se réunit avec d'autres, un d'eux s'avance pour être apperçu du Chien, se fait lancer par lui, et quand celui-ci, engagé dans la poursuite de son adversaire, est eloigné de tout secours, les autres Loups, qui se sont mis en embuscade, tombent sur lui, le mettent en pièces, et le mangent. Ils emploient la même ruse lorsqu'il s'agit d'attaquer un bœuf, un cerf, un renne;

ces attroupemens de guerre sont toujours accompagnés de hurlemens affreux ; mais le butin partagé et consommé, chacun des brigands se retire en silence et continue sa vie errante et vagabonde. Si les Loups se mettent en société, ce n'est donc que pour immoler des victimes ; c'est sur-tout le soir et dans le temps des brouillards qu'ils font ces expéditions : s'il se présente quelque rivière à passer, ils la traversent à la file, se prenant par la queue avec les dents, de peur que la force du courant ne les entraîne.

Le Loup est l'animal dont le caractère soit le mieux connu, il est farouche et carnassier, son museau est allongé et obtus, ses oreilles sont courtes et droites, sa queue est grosse et couverte de longs poils grisâtres, ses yeux sont bleus et étincelans, ses dents sont rondes, inégales et serrées, l'ouverture de sa gueule est grande ; il a le cou si court, qu'il ne peut le remuer, ce qui l'oblige à tourne tout son corps quand il veut regarder de côté.

En général cet animal est d'un appétit vorace, d'un naturel carnassier, avide de chair humaine, robuste, mais poltron; il a les yeux perçans, l'odorat exquis, l'oreille fine, il est prompt à la course, industrieux par besoin, féroce par famine ; ennemi de toute société, cependant facile à aprivoiser et susceptible de quelque éducation dans sa grande jeunesse, il devient même alors assez doux et caressant ; on en a vu vivre paisiblement avec des Chiens, jouer avec eux, faire sentinelle comme eux et coucher à côté du maître. On raconte, à l'occasion d'un loup aprivoisé, le trait suivant :

Un orfèvre de Dantzic avait nourri un *Louveteau* en le tenant enchaîné pendant près d'un an dans son jardin :

l'animal devenu plus grand ne se contentait plus de la portion qu'on lui donnait chaque jour, cependant il ne faisait point de mal aux oies, canards, paons, poules et autres volailles qui appartenaient à son maître, mais il se dédomageait aux dépens des voisins ; le jour il restait tranquille dans sa loge, et la nuit il avait l'adresse de se débarrasser de son collier, pour aller faire sa curée, après quoi il revenait s'enchaîner lui-même. Les voisins s'aperçurent du dépérissement journalier de leur basse-cour, sans néanmoins se douter du voleur; enfin le dommage allant toujours en augmentant, ils se mirent à veiller, et prirent le larron sur le fait. On s'en plaignit au maître qui paya le dommage et fit tuer le loup.

C'est dans les forêts que cet animal exerce son brigandage, qu'il fait sa nourriture des animaux plus faibles que lui, qu'il guète, suit à la piste, chasse, poursuit, éventre et dévore sa proie. Il ne quitte les bois que lorsqu'il est poussé par la faim ou attiré par l'odeur, soit de la charogne, soit de bestiaux dont il cherche à faire son butin.

Le Loup est infatigable, marche, court, rôde tout le jour et des nuits entières, dort peu et légèrement, plus le jour que la nuit; boit fréquemment, peut passer trois ou quatre jours sans manger; mais forcé par la faim et la soif, il ne connaît plus aucun danger, parcourt toutes les campagnes, se jette en furieux sur les animaux abandonnés, rôde autour des bergeries, gratte la terre, se fait un passage sous la porte, met tout à mort, et finit par choisir et emporter sa proie: il prend un mouton dans sa gueule à l'aide des muscles vigoureux de son cou et de sa mâchoire, et court à toutes jambes dans la forêt voisine, pour le manger à son aise. S'il se sent poursuivi, pour mieux courir, il jette sa proie sur son dos; rien ne l'intimide, il attaque les hommes, les femmes les enfans, par-tout il porte le ravage et la mort. On le voit souvent à la suite des armées et dans les champs de bataille, découvrir avec ses ongles les cadavres enterrés négligemment, tant il est avide de chair humaine; peut-être, s'il était plus fort, n'en mangerait-il pas d'autre. Dans les campagnes environnées de bois, il est une crainte salutaire que l'on donne de bonne heure aux enfans, c'est de leur faire peur du Loup, sans cette crainte il y aurait encore plus de victimes; c'est de-là qu'est venu le mot de *Loup-garou*, comme qui dirait gare le Loup; le Loup-garou n'est donc qu'un vrai loup affamé, qui rôde.

Cet animal nuisible, ingrat, vorace, indomptable, a de tout temps excité contre lui la haine et l'adresse de l'homme, les pièges, les appâts, les boules empoisonnées, les fosses, les armes à feu, la chasse, les battues, tout a été mis en usage pour la destruction de cette espèce proscrite : dans les campagnes, des récompenses sont promises et accordées à ceux qui les tuent. C'est ainsi qu'ils ont été détruits en Angleterre, où ils ne peuvent plus revenir, ayant la mer à passer. Chez nous, quoique leur tête soit à prix, on n'a pu les détruire entièrement, parcequ'ils viennent des grandes forêts de l'Allemagne. Lorsqu'un Loup est pris, il est le plus sot des animaux, sa méchanceté l'abandonne, il se laisse enchaîner, museler et conduire par les villes comme une curiosité, il est alors doux comme un mouton, et n'ose donner aucun signe de colère ou de méchanceté.

De toutes les maladies auxquelles le Loup est sujet, comme le chien, il n'en est point de plus terrible que la rage, nous n'en avons que trop d'exemples : il ne faut la plupart du temps qu'un Loup enragé pour causer des désordres affreux dans tout un pays, tant parmi les bestiaux que parmi les hommes ; les blessures que fait cet animal sont presque toujours mortelles.

Les dents et la peau du Loup sont les seuls profits que l'on ait pu tirer jusqu'à présent de sa dépouille ; la dent enchassée dans de l'argent, sert de hochet aux enfans, ils la pressent afin que, les gencives s'ouvrant par ce frottement, les dents sortent avec moins de douleur ; les doreurs et les relieurs s'en servent pour polir leurs ouvrages ; on fait avec sa peau des fourrures grossières, mais qui sont chaudes et durables, même des manchons ; on en double la chaussure des goûteux et de ceux qui craignent le froid des pieds ou des mains. Enfin cette peau se conserve plus facilement qu'une autre, parce que les insectes ne s'y mettent point.

LA LOUVE.

La Louve a le pied plus long et plus étroit que le Loup, du reste ils sont parfaitement semblables pour les mœurs, le caractère et le poil. La Louve est suivie par les loups comme on voit nos chiennes dans les rues; alors il se livre entre les mâles des combats meurtriers, celui qu'elle préfère est la première victime immolée à leur fureur ; ensuite l'action recommence entre les soupirans, on gronde, on frémit, jusqu'à ce qu'abattu par la fatigue, on se livre au sommeil de part et d'autre. Alors la femelle se dérobe avec le plus alerte ou le plus chéri, et le rival ne trouve à son réveil que les rivaux qu'il a terrassés.

La Louve ne porte qu'une fois par an, au bout de soixante-trois jours elle met bas au moins trois et quelquefois jusqu'à neuf *Louveteaux*, plus de mâles que de femelles, les alaite pendant plusieurs semaines, et les nourrit ensuite de mulots, perdrix, levrauts et volailles vivantes, qu'elle leur apporte, et qu'elle partage entr'eux.

C'est au fond des forêts et dans les endroits les plus déserts qu'elle élève sa progéniture ; au bout de six semaines ou deux mois ils suivent leur mère qui veille sur eux encore quelque temps, joue avec eux, les mène boire, les ramène au gîte ou ailleurs, s'il y a du danger ; jamais elle n'a plus de courage que lorsqu'il s'agit de leur défense ; il est dangereux d'en approcher, c'est s'exposer à toute sa fureur, et sa fureur, lui donne des forces; à six mois elle les abandonne à eux-mêmes.

Il existe au Jardin du Roi, à Paris, un Loup et une Louve qui ont déjà fait plusieurs fois des petits, le public a pu les voir, ils sortaient de leur loge par dessous la grille et jouaient avec les chiens du gardien : on a remarqué que tous ceux qui avaient joué avec les chiens, étaient disparus, dévorés vraisemblablement par leurs père et mère.

Fin du tome premier.

TABLE ALPHABÉTIQUE

DU TOME I.

Alcée. (l')..........................Page 118
Algazel. (l').............................. 144
Alpague. (l').............................. 104
Ane. (l')................................... 71
Animaux en général. (des)................. 67
Antilope. (l')............................. 146
Aurochs. (l').............................. 197
Axis. (l')................................. 114

Bakelys. (le).............................. 199
Basset. (le chien)......................... 222
Bélier (le)................................ 158
— de Valachie......................... 160
Biche. (la)................................ 111
— de Sardaigne........................ 114
Bique. (la)................................ 136
Bison. (le)................................ 199
Bœuf. (le)................................. 176
Bœufs-Bossus. (les)........................ 198

Bonasus. (le).......................Page 198
Bouc. (le)............................ 130
Bouc-Etain. (le)..................... 131
Bouquetin. (le)...................... id.
Braque. (le chien)................... 222
Brebis. (la)......................... 162
Bufle (le)........................... 193

Cabre. (la).......................... 136
Canna. (le).......................... 118
Cerf. (le)........................... 105
— du Gange........................ 114
Chameau. (le)........................ 87
Chamois. (le)........................ 134
Cheval. (le)......................... 77
Chèvre. (la)......................... 136
— d'Angora........................ 139
— des Alpes....................... 134
— d'Héraclée...................... 139
— de Juda......................... id.
— Manbrine........................ id.
Chevreuil. (le)...................... 115
Chevrotains. (les)................... 151

ALPHABÉTIQUE.

Chien. (le)..........................Page 221
   — de Berger............................ 222
   — Courant.............................. 223
   — Lion................................. 225
   — Loup................................ id.
   — Turc................................ id.
Chienne. (la).............................. 227
Cochon. (le).............................. 209
   — de la Chine.......................... 211
   — de Lait.............................. 220
   — de Siam..................... 202 et 211
Condoma. (le)............................ 148
Corine. (la).............................. 143
Cowpox.................................. 190
Daim.................................... 112
Danois. (le chien)........................ 225
Dogue. (le chien)......................... id.
Doguin. (le chien)........................ id.
Dromadaire. (le).......................... 87
Élan. (l')................................ 118
Épagneul. (le chien)...................... 225

TABLE

Faon. (le) .... Page	111
Femme. (la)	84
— Sauvage	56
Gazelles. (les)	141
Géans (des)	21
Giraffe. (la)	96
Homme (de l')	13
— Enfant	28
— Jeune Homme	41
— Fait	43
— Sauvage de l'Aveyron	65
— Vieillard	49
Hommes sauvages. (des)	53
— Géans	21
— Nains	26
Kevel. (le)	143
Kob. (le)	144
Koba. (le)	id
Laie. (la)	206
Lama. (le)	100
Levrier. (le chien)	225

ALPHABÉTIQUE.

Limier. (le chien)..................Page 222
Loup. (le)................................. 239
Loup-garou. (le)........................ *id.*
Louve. (la)................................ 242
Louveteau. (le).................. 236 et 241
Marcassin. (le)........................ 207
Mouflon. (le)........................... 157
Mouton. (le)............................ 162
— d'Islande 172
Mulet. (le).............................. 75
Musc. (le).............................. 152
Nains. (des)............................ 26
Nauguer. (le).......................... 146
Orignal. (l')........................... 118
Paco. (le).............................. 103
Pazan. (le)............................. 145
Porc. (le)....................... 202 et 209
Pourceau. (le)......................... 221
Quadrupèdes en général. (des).......... 69
Renne. (le)............................ 121
Roquet. (le chien)..................... 225

TABLE ALPHABÉTIQUE.

Saiga. (le) .... Page 140
Sanglier. (le) 202
Sauvage de l'Aveyron. (le) 65
Taure. (la) 183
Taureau. (le) 174
Truie. (la) 219
Vaccine. (la) 188
Vache (la.) 183
   — Brune 144
   — Flandrine 184
Veau. (le) 191
   — de Lait 192
   — de Rivière .... id.
Variétés de l'espèce humaine 17
Verrat. (le) 209
Vigogne. (la) 103
Ysare. (l') 134
Zèbre. (le) 85
Zébu. (le) 201

Fin de la Table du Tome premier.

www.ingramcontent.com/pod-product-compliance
Lightning Source LLC
Chambersburg PA
CBHW050318170426
43200CB00009BA/1373